38歳からなりたい髪

ボリュームも色ツヤもスタイルも
少しの手間でアップする

田村マナ
美髪アドバイザー・
毛髪診断士

山口童子
ヘア＆メイクアップ
アーティスト

すばる舎

はじめに

30代後半は、髪のツヤやコシがなくなるとともに、抜け毛や白髪など髪のトラブルが気になり始める世代。

「これから、どんなヘアスタイルにしたらいいのか」と悩んでいる方も多いのではないでしょうか。

でも、メイクや服装に気をつかってはいるけれど、髪は後回し……という方が多いように感じています。

キャリア世代や育児中の方も多く、忙しくて髪のおしゃれやお手入れにあまり時間をかけられないこともあって、つい「自然乾燥でいいや」「1つ結びにしておけばいいや」と思ってしまいがち。

とはいえ、何歳になってもツヤツヤとした美しい髪の人や、その人らしいバランスのよいヘアスタイルをしている人を見ると、きれいにされているな、すてきだなと好感が持てます。

「きれいな年のとり方をしたい」「いつまでもきれいでいたい」「いくつになっても品のある女性でいたい」という気持ちはみなさんお持ちだと思いますが、髪のケアが美しさの基準を上げていくこともあるのです。

なりたい自分に近づくためには、自分の髪を変えることが一番の近道。
髪のボリュームが出なくなって、目指すヘアスタイルが決まりにくいと感じている
はずなのに、「髪のケアは大変そう」と思っている人も多いかもしれませんね。
でも実は、髪のボリュームも色ツヤもヘアスタイルも、あたりまえになっている毎
日の習慣に、ほんのちょっと手間を加えるだけで、一気に印象アップできます！

本書では、これから40代を迎える女性に向けて、健康な髪を育てるためのブラッシ
ングや頭皮マッサージの方法、正しいシャンプーの仕方、おしゃれに見える簡単なヘ
アアレンジ術など、髪を美しく保つヒントを余すところなく紹介しています。
まずは毎日の生活に頭皮や髪のセルフケアを取り入れて、髪のおしゃれを楽しんで
みてください！

田村マナ
山口童子

Contents

はじめに …… 002

Part 1
38歳からは髪で印象が9割決まる

見た目を左右するのは、化粧でも服装でもなく「髪」 …… 010
髪にツヤがあると10歳若く見える …… 012
20代の頃は似合っていた髪型が似合わなくなってきた …… 014
顔が「絵」なら、髪は「額縁」 …… 016
いくつになっても髪のおしゃれを楽しみたいと思ったら …… 018

Part 2
大人世代が髪で気を付けたい10のこと

茶髪、黒髪。大人世代にはどっちがおすすめ？ …… 022
ハイライトが健康な髪の証 …… 024
根元と毛先の色ムラで手抜きがバレる …… 026
おくれ毛はオイルやワックスで処理 …… 028
後ろ髪にも表情をつくってあげる …… 030
髪も頭皮も、ケアは「やさしく」 …… 032
夜シャンプーが髪にいい …… 034
肌だけでなく髪にも紫外線対策を …… 036
分け目を変えると毛の立ち上がりがよくなる …… 038
アップもいいけれど、ときにはダウンスタイルも …… 040

Part 3
これからのヘアスタイルの探し方

38歳からの決め手は「菱形」フォルム …… 044
ある程度髪が伸びても、きれいに見える髪型がある！ …… 046
30代後半からは清潔感を意識して …… 047
肉顔、骨顔。顔の輪郭2つのタイプ …… 048
目鼻立ちで似合う髪型は違う …… 050
毛量と髪質別、ヘアスタイルのポイント …… 052

「似合う」髪型を探すより「なりたい」が大切 054
まずはチャレンジ！切っても髪は伸びてくる 055
理想のスタイルはビジュアルで伝える 056
流行は「適度」に取り入れて 057
髪型を変えたら眉の描き方を変えよう 058
髪型と相性のいい着こなしがある！ 060

Part 4
髪の悩みが解決！正しい頭皮&ヘアケア法

女性によくある髪の悩みいろいろ 066
トラブルは隠すより改善する方向で 068
よくある悩み 1 パサつき 070
髪を乾かしきらないと髪は乾燥する 072
ドライヤーを使った正しい髪の乾かし方 074
おすすめのドライヤーをご紹介します 076
どうしてもパサつくときはオイルパックで保湿 078
よくある悩み 2 ボリュームダウン 080
ブラッシングで「ふんわりヘア」はつくれる 082
カーラー&スタイリング剤でペタンコは解決 084
ボリューム出しには カールドライヤーがおすすめ 086
パウダーワックスを使えば夕方までふんわり 088
よくある悩み 3 白髪 090
はじめての白髪染めポイント 092
「頭皮ケア」で黒髪は再び手に入る！ 094
よくある悩み 4 うねり 096
うねった髪をまとめるコツ 098
広がる髪にはパーマをかけてしまうのも手 100

Part 5
失敗しない！不器用でもマネできるヘアアレンジ

髪の長さ別、おしゃれに見せるポイント 104
髪を束ねる位置で印象は全く変わる 106
SラインとCラインで抜け感を演出 108
前髪をアレンジするだけで大変身！ 110
左右の分け目で印象は変わる 112

前髪で「なりたい」イメージを探してもいい……114
フェイスラインは出したほうが美しく見える……116
女性の印象や立ち位置を決めるのは「後頭部」……118
軽やかさを演出！
抜け感のあるヘアスタイルのつくり方……119
ダウンスタイル Lev.1 ストレートを生かしたナチュラルヘア……120
ダウンスタイル Lev.2 ランダムなカールスタイル……123
アップスタイル Lev.1 トップにボリュームがあるラフな1つ結び……126
［ゴム隠し］上手にゴムを隠す方法……129
アップスタイル Lev.2 ゴージャスなハーフアップスタイル……130
［あると便利なアイテム］
スタイリングがうまくキマるブラシ&アイロン……134
ピンやゴムは基本、見せてはいけない！……136
外出先で髪型が崩れたときの即席リカバリー法……138
雨の日は油で髪にフタをする……140
夕方、頭皮のにおいが気になったら………142

Part 6
健康な頭皮がツヤ髪の決め手

髪のツヤが「見た目年齢」を決めている……146
「手」は髪や肌をケアする最高の道具……147
「頭皮マッサージ」は
ホルモンの乱れにも効果的……148
頭皮マッサージ 1 1日1分マッサージ……150
頭皮マッサージ 2 しっかり3分。スペシャルマッサージ……152
頭皮マッサージ 3 抜け毛・細毛予防集中マッサージ……156
頭皮マッサージ 4 生えぎわ後退用頭皮マッサージ……158
毎日の「ブラッシング」でツヤ髪は手に入る……160
ブラッシングは1日4回するといい……162
朝一番のブラッシングで髪をツヤツヤに……164
夜ブラで汚れをしっかり落とす……166

天然毛のブラシがオールマイティーに使える……168
「予洗い」で髪の汚れは9割落とせる……170
髪ではなく「頭皮を洗う」正しいシャンプーの方法……172
おすすめのシャンプー&トリートメント剤……178
頭皮の保湿は顔と同じぐらい大切……180
頭皮用美容液はシャンプー後に付けるのがベスト……182
保湿、かゆみ…美容液は悩みにあわせて選ぶ……184
早起き早寝のリズムが健康な髪や肌を育てる……186
ヨガやストレッチなどの有酸素運動が髪を元気に……188
きれいな髪は、食べ物・飲み物でつくられる……190
おかずレシピ 1 ひじきのサラダ……191
おかずレシピ 2 すき昆布……192
おかずレシピ 3 豚肉と大豆の豆板醤炒め……193
おかずレシピ 4 大豆のドライカレー……194
飲み物レシピ 1 甘酒……195
飲み物レシピ 2 ジンジャー&なつめ……196
【巻末資料】髪に悪いことリスト……197

Staff

撮影　山田 英博
デザイン　細山田光宣＋木寺 梓（細山田デザイン事務所）
イラスト　Takako
モデル　ソギョン

Part 1

38歳からは髪で印象が9割決まる

見た目を左右するのは、化粧でも服装でもなく「髪」

朝起きてから家を出るまでの時間って、本当に慌ただしいですよね。

食事、身支度、小さなお子さんがいる方は、お子さんのサポートも必要です。

そんな慌ただしい朝、ヘアメイクや服選びにどのくらい時間をかけていますか？

一番時間がかかるのはメイク時間で、平均して10〜15分ぐらいだと言われています。

では、朝時間のうちヘアにかける時間は、どのくらいでしょうか？　アイラインは丁寧に引くけれど、ヘアはサッと整える程度、という人も少なくないのでは？

でも、メイクばかり頑張って、ヘアはそこそこ、というのは大変もったいないこと。

どんなにすてきなワンピースを着てバッチリメイクをしていても、髪がパサついていたり、おくれ毛が目立つだけで、実年齢以上の印象に見えてしまうことも……。

たとえばメイクにかける15分のうち、3分でもいいので、髪にもっと時間を使ってみてはいかがでしょう。それだけで見た目の印象がアップします！

30代後半あたりからは「顔の造作」よりも、肌や髪の「素材」の若々しさや、生き生きとした「表情」のほうが、その人の美しさを決める要素になってくるのです。

きれいな髪からは、清潔感や、丁寧な暮らしぶりが感じられます。

髪にツヤがあると10歳若く見える

「髪にツヤがあると、若々しく健康的に見える」と言われますが、ツヤって一体どういうものなのでしょうか？

ツヤとは、髪に見られる天使の輪のようなキラキラとした輝きのこと。

髪の表面は「キューティクル」という、うろこ状のタンパク質で覆われています。髪に当たった光がキューティクルの表面で反射すると、白く光り輝いて見えるのです。

健康な髪はキューティクルの表面が整っているので、その輝きがくっきり見えます。子どもの髪を想像してもらうと、わかりやすいかもしれません。ロングヘアでも毛先までサラサラしていて、髪もツヤツヤしています。

そんな幼い頃はサラサラだった髪も、年齢を重ねるにつれて、紫外線や生活習慣の乱れ、ヘアカラーやパーマなどの影響で徐々に傷んでしまうのです。

外部刺激から髪を守り、ツヤ髪を手に入れるためには、毎日のケアが欠かせません。

ツヤ髪のためのケアと聞くと、髪のケアだけを思い浮かべるかもしれませんが、お手入れには、髪のケアと頭皮ケアの2種類があります。

ツヤツヤした髪は、明るくて華やかな印象を与えます。

髪のケアとは、死んだ細胞のケア。ダメージから髪を守り、修復させるためのものです。

一方、頭皮ケアというのは、これから生えてくるためのケア。毛根細胞を活性化して髪が生える土台をつくるためのものです。

この2つのケアを同時に行ってはじめて、美しい髪を手に入れることができるのです。ケアしたぶんだけ必ず美しくなります！　ツヤやかで色ムラのない髪だと、軽く10歳ぐらいは若返って見えます。

美容液やオイルを使ったスペシャルケアの日をつくると、気分も上がります。

ときには、ソファでゆっくりくつろぎながら、あるいはバスタブにつかりながら、髪や頭皮をいたわってあげる日をつくってみてはいかがでしょうか。

20代の頃は似合っていた髪型が似合わなくなってきた

ヘアカラーやブリーチ、パーマなど、今までに髪色やヘアスタイルでいろいろ冒険をして楽しんできた、という人も多いのではないでしょうか。

ところが30代後半に近づいてくると、「前と同じヘアスタイルなのに、なんだかしっくりこない……」と感じ始める方も少なくないかもしれません。

これは、年齢による目鼻口の配置バランスの変化も関係しています。

知らないうちに小鼻が横に広がってきたり、耳たぶの位置が下がってきたり……。

顔の中央部分は骨があるので、あまり変化はないのですが、顔の外側が緩みやすくなってきます。

耳たぶの位置が下がるということは、それだけフェイスラインも下がるということ。

年齢を重ねるにつれて、次のような変化が見受けられるようになります。

・顔の輪郭が四角くなったり、三角形の下ぶくれのようになる

・厚みのあった唇が、しぼんで口の内側に入り込み薄くなる。口角も下がり平坦に

・頬の上部は平坦になり、頬骨下の肉が重く下がり、ほうれい線が深くなる

老化による顔の変化

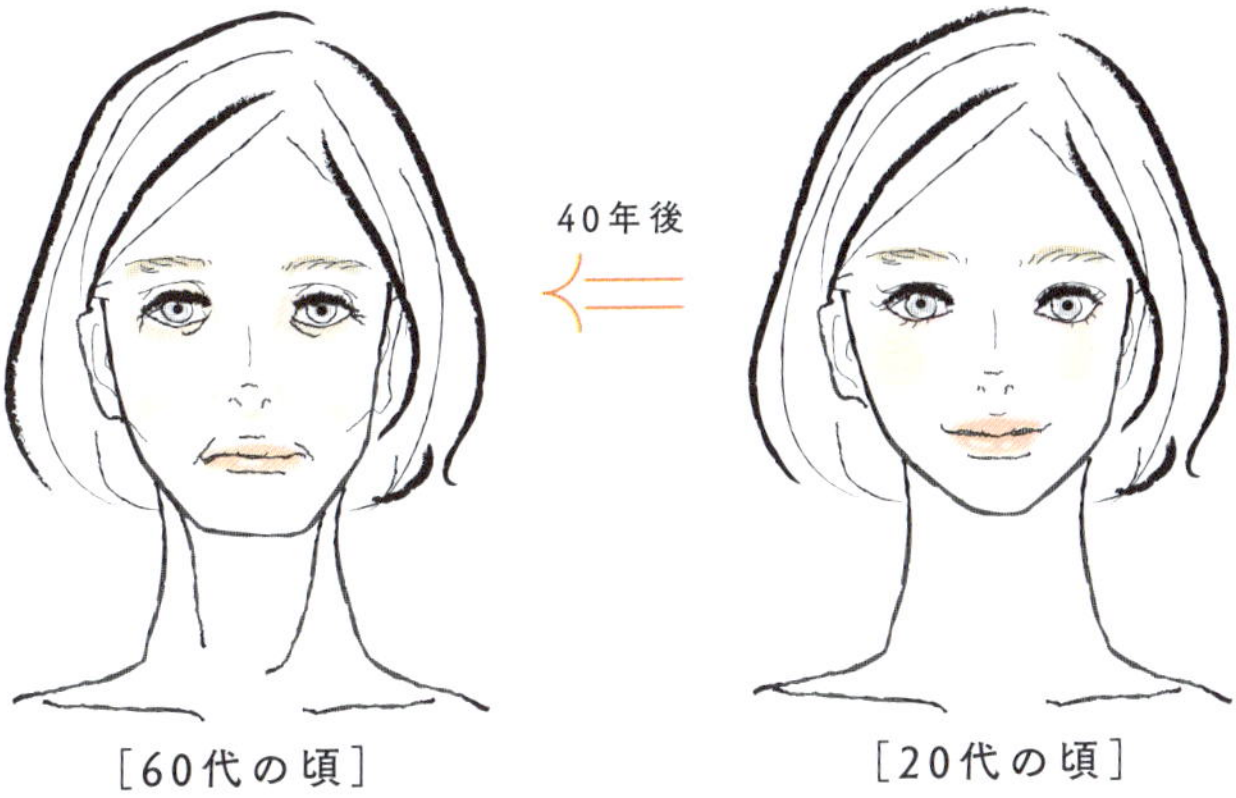

目尻のシワが深くなり、涙袋が目立つ。クマが下に長くなる。頬の上部は薄くなり、頬の下部がたるんで下がってくる。

・眉毛やまつげが薄くなる……

以前とは変わってきている顔に同じ髪型をあわせても、ズレが生じるのは当然なのです。

たるみの話に付け加えると、頭皮と顔のお肌は一枚の地続きなので、毛穴が1㎜たるむと、顔は1㎝下がると言われています。

頭皮の毛穴は約5万個あると言われていて、それぞれが1㎜ずつ緩んだ結果、フェイスラインが1㎝下がるイメージです。

健康な頭皮というのは、毛穴の周りがぷっくり膨らんでいます。

キュッと引き締まったハリや弾力のあるふっくらした毛穴をしています。

その力が年齢とともにどんどん緩くなり、ふくらみが平坦になると、毛穴が広がって、髪がうねったり抜けやすくなってしまうのです。

顔が「絵」なら、髪は「額縁」

レオナルド・ダ・ヴィンチの「モナ・リザ」や、ヨハネス・フェルメールの「真珠の耳飾りの少女」など、何百年も愛され続ける名画は数多くあります。

そうした絵が特別な美しさを持っているのはもちろんですが、絵を入れる額縁も、手が込んだ高価な工芸品であることをご存知ですか？

おもしろいことに、名画であっても、額縁が変わると印象がガラリと変わります。

「絵は見ていたけれど、額縁なんて気にも留めなかった……」という人も多いのではないでしょうか。

でも実は、絵と額縁はワンセット。無意識のうちに額縁の印象も感じとっているのです。

どんなに美しい名画であっても、粗末な額に入れられていたり、額に入っていなかったりすると、「たいした価値のないもの」という印象になります。

逆に、名画ではなくても、豪華なつくりの額に入れて飾られていると、不思議と、立派な名画のように見えてきたりします。

すてきなフレームなら、中に入った絵の印象もアップ。顔も同じ。美しい髪は好印象を与えます。

これを女性にたとえると、顔が「絵」なら髪は「額縁」ということ。

つまり、同じ顔でも「額縁＝髪」をきれいに整えた途端に「美しい人」「きちんとした人」という印象に変わるということです。

すてきな額縁（髪）なら、中の絵（顔）の印象もアップします。

髪が与える印象はとても大きく、髪が美しいと美人に感じられる確率が高まります。

逆に、髪の手入れが行き届いていないと、低評価の印象を持たれかねません。

顔立ちをどう縁取るかで、与える印象は変えられます。

美しい髪を手に入れて「この人はきちんと向き合うべき人」と思ってもらえる人でいたいですね。

いくつになっても髪のおしゃれを楽しみたいと思ったら

「いくつになってもヘアスタイルのおしゃれを楽しみたい！」と思っている方に気を付けてもらいたいことがあります。

それは、「変化」を止めてしまわないこと。

毎日、家事や育児に追われて、自分の時間をなかなかつくれないかもしれないのですが、「少しのお手入れと変化」を欠かさないでほしいのです。

たとえば、正しいブラッシング方法を取り入れてみるだけで、髪ツヤが変わります。ドライヤーのかけ方を変えてみるだけで、髪がサラサラに変わります。

できることから無理のない範囲で、少しずつ変えてみてもらえたらと思います。

そして、それを一度習慣にできれば、10年後、20年後にも同じことができます。

大切なのは、習慣にすること。歯磨きと同じで、毎日の積み重ねです。

将来を見据えて、正しいケア方法を習慣化できれば、50代、60代になったときには、同じ年齢の人と比べて、かなりの差が出ていると思います。

始めるのに遅すぎるということはありません。ぜひ始めてみてくださいね。

小さな変化でも、積み重なると大きな変化に。変化を楽しみましょう。

Part 2

大人世代が髪で気を付けたい10のこと

茶髪、黒髪。大人世代にはどっちがおすすめ？

30代後半は、ここまでだったら大丈夫だけど、ここまでするとNGという境界線が難しくなってくる年齢かもしれません。

「黒髪なんてダサい」と思って、ずっと茶髪にしてきたという人もいるでしょう。でも、年齢的なことを考えると、明るめの茶髪は若づくり感が出てしまいそうだし、どんな色に染めたらOKなのかがわからない……。

このように、お悩みの方もいらっしゃるのではないでしょうか。

30代後半になると、顔の血色となる赤みが少なくなり、いわゆる黄ぐすみという現象が起こり、肌の色が変わってきます。

それにともなって、明るい茶髪に違和感を感じるようになってきます。

もちろん明るい茶髪でも、ヘアスタイルやメイクとの相性や、服装、全体のバランス次第で、すてきに見せることはできます。

ただ、黄味肌に明るい茶髪は、ちょっとヤンキーチックな印象になります。

一方で、極端に真っ黒い髪も似合わなくなってきます。

黒髪と茶髪のメリット、デメリット

［黒髪］

メリット：清潔に見える、個性派に見える、ツヤが出やすい、髪がきれいに見える。
デメリット：暗い印象、あか抜けない雰囲気に。

［茶髪］

メリット：おしゃれに見える、あか抜けて見える、明るく見える、雰囲気の軽さが出る。
デメリット：髪の傷みが目立つ、いきすぎると清潔感に欠ける。

きれいな肌色、それこそ白雪姫みたいにきれいな肌に黒い髪は似合うのですが、くすんできた黄味肌に黒髪を合わせると、ちょっと重過ぎたり、元気のない感じになったりしてしまうのです。

今からヘアカラーをするのであれば、「やり過ぎ感が出ないように」「ナチュラルに」「上品に」が大切。

誰にでも似合う色があれば、迷わなくて一番ラクなのですが、似合う髪色というのは、顔立ちやメイクなどとのトータルバランスで左右されます。

人によりけり、としか言えません。

髪色については、美容院で美容師さんに相談をして、ご自分に似合う色を選んでいただくのが一番安全です。

ハイライトが健康な髪の証

髪がハイライトでキラキラしていると、健康的で若々しく見えますよね。ハイライトというのはツヤのこと。キューティクルが整ったきれいな髪には、天使の輪のようなツヤが出ます。

振り向いたときに揺れる髪や、風に吹かれてなびいた髪に現れるハイライトは、動きがあって、どの角度から見ても表情豊か。美しくて、つい見とれてしまいます。

ストレートの場合は、ストンとした面にハイライトの光が集まります。髪の上でツヤツヤと輝く白い光は、髪の美しさを際立たせます。

一方、ウエーブヘアの場合は、曲線や湾曲しているところにハイライトが出ます。カールの大きさや場所によって光り方が違うので、その違いが活力のある生き生きとした印象につながります。

髪全体にちょこちょこハイライトが入っていると、ヘアスタイルの立体感が増します。そして、手入れしている感や、おしゃれっぽさを感じます。

髪がパサついていたり傷んでいると、ハイライトは現れません。ストレートヘアの

髪型でハイライトの出方は違う

［ウェーブヘア］

曲線部分に光が集まってキラキラと輝き、髪型の立体感が増す。

［ストレートヘア］

まっすぐな面に光が集まり、天使の輪のようなツヤが出る。

場合は、ツヤ感がないと重たく見えたり、髪の傷みがとくに目立ちやすいので、不健康な印象を与えてしまうこともあります。

髪のハイライトは、明るさや華やかさ、輝きや健康度合い、生き生きさ、幸せ感など、「その人自身を輝かせるもの」に大きく影響します。たとえばサラブレッドも、磨き上げられて毛並みがツヤツヤと輝いていたら、強そうな印象を受けますよね。

人も同じです。P&Gによるヘアケア実態調査によると、お風呂あがりにきちんとヘアケアをしている女性のほうが、彼のいる割合はなんと2倍。

男性もきっと、その人の雰囲気を、髪の毛のツヤで感じとっているということなのかもしれませんね。

根元と毛先の色ムラで手抜きがバレる

ヘアカラーをしていると、髪が伸びてくるにつれて、下と上の部分で色ムラができてしまいます。よく言われる「プリン状態」です。

髪は伸びるものなので、根本の色が違ってしまうのは避けられないことですが、色ムラができると、手入れが行き届いていない感じを与えてしまいます。

市販のヘアカラー剤を使って自分で染めたら、色ムラが出てしまったという人もいるかもしれませんね。

根元と毛先では傷み度合いが違うので、染まる速度に違いがあり、上手に塗らないとムラが出やすくなってしまうのです。

また、汚れたままの髪の毛や、トリートメントやワックスを付けたままの髪の毛にヘアカラーをしても、色ムラができる原因になります。染める前には必ずシャンプーをして頭皮や髪の毛の油分や汚れを落としましょう。

ちなみに、一度ムラになってしまったら、めんどうでもこまめにケアしていくしかありません。生えぎわの色の違いが気になり始めたら、美容院へ行くか自分で染める。

色ムラがない髪は、丁寧にお手入れされている印象を受けます。

全体的にムラがあるようなら、一度、一番明るい色に合わせて染めてしまう方法もあります。染める以外の方法としては、紫外線対策をしたり、乾燥や摩擦に注意したり、カラーケアシャンプーを使うなどして、色味をキープする方法をおすすめします。

紫外線を浴びて髪が焼けると、髪の表面を覆っているキューティクルが損傷して、退色しやすくなります。乾燥も同様です。

摩擦も同じで、過度にブラッシングをしたり、タオルドライでゴシゴシこすったりすると、色あせの原因となります。こうしたことに気を付けるだけでも色ムラを防ぐことができます。

一気にやるわけではなく、全部を少しずつレベルアップする感じです。美しい髪を手に入れるためには、ケアの積み重ねが大切なのです。

おくれ毛はオイルやワックスで処理

朝、髪をセットしてから、鏡で自分の髪を一度もチェックしないまま帰宅。家で鏡に映る自分の姿を見て驚愕。髪が乱れて、おくれ毛が飛び出していて、まるで疲れたオバサンみたい……。

こんな経験はありませんか？

ついやってしまいがちかもしれませんが、実はこれって、とてももったいないこと。厄介なのは、「おくれ毛」。おくれ毛を出した途端、実年齢よりも一気に老けて見えることがあるので要注意です。

無造作とボサボサは紙一重。ちょっと間違えると、生活に疲れた人のように見えてしまいます。

1つ結びしたときの、おくれ毛が勝手に出てきたような、「おやつれ感」はできるだけ避けたいところ。

おくれ毛があると、なぜ生活に疲れた人のように見えるのでしょうか？

それは、おくれ毛にツヤが無く、パサパサしているから。

耳周りをすっきりさせるだけでも、清潔感のある上品な印象に変わります。

疲れた人に見せないためには、スタイリング剤やヘアオイルを使う方法がおすすめです。髪を結ぶときに、おくれ毛にオイルやワックスをつまんで付けてみましょう。

それだけで、パサついた髪がしっとりツヤ感のある毛束に変わり、こなれ感が出せます。

まとめ髪をするときは、おくれ毛にひと手間をかけてみてください。サイドだけでもスッキリしていれば、清潔感が出ます。

トップは多少崩れがあっても、そんなに違和感はないのですが、おくれ毛が出てきてサイドが崩れてしまうと、一気にやつれて感じます。

髪を下ろしているときも、サイドに崩れ落ちてきた毛は、耳に掛けてピッと整える。

些細なことですが、こういうところは気を付けたいところです。

後ろ髪にも表情をつくってあげる

一見、お化粧や服装のほうが目につきそうなのに、髪の手入れが行き届いていないと、一気にだらしなさを感じ、その人の性格や私生活までもが、だらしない印象へとつながってしまいます。

なぜかというと、トータルバランスの中で、髪の占める面積が顔よりも大きいからです。

さらに髪が長いと、その面積も大きくなるので、髪に印象が左右される可能性は大きくなります。

髪は、メイクや服装と違って、表情をつくってあげないと、手を掛けている感じが出せません。

顔は表情で動くので変化を出せるのですが、髪はツヤを出したり、動きを付けたりしてあげないと、だらしなく、無表情に見えてしまう部分でもあります。

たとえば頭の後頭部は、ほぼ髪の毛が占めているので、表情がなく、印象を操作するのがとくに難しい場所。それにもかかわらず、後ろ姿がすてきに見える人はいます。

夜に軽くブローすることで、髪ツヤが増し、翌朝の髪のまとまり感が全然違います。

顔は見えていないけれど、歩いている姿やじっと立っている姿がきれいな女性というのは、同じ女性から見ても憧れますよね。

実は、特別に凝ったアレンジをしていなくても、髪にツヤがあれば後ろ姿にも表情が生まれるのです。

この髪のツヤは、ほんのひと手間かけるだけで生まれます。たとえば、夜に髪を洗ったあと、すぐに乾かして軽くブローしてから寝る。これだけで、キューティクルが整い、翌朝まとまりやすくなり、髪ツヤが高まります。

魅力的な後ろ姿には、周りからの憧れの視線も集まってくること間違いなし！

ちなみに後ろ姿美人に必須なのが、正しい姿勢と歩き方。姿勢が崩れないように、髪のツヤとあわせて気を付けてくださいね。

髪も頭皮も、ケアは「やさしく」

女性にとって髪というのは、個性を出せる部分でもありますし、女性らしさを出せる部分でもあります。

ケアにも力を入れていただきたいのですが、過剰なケアには要注意です。やり過ぎのヘアケアは抜け毛や切れ毛の原因に。

髪や頭皮に関する悩みをお聞きしていると、間違ったケアをしている人が意外と多いことに気付かされます。

たとえば、汚れや脂をしっかり落とそうとして、爪を立てて強くゴシゴシ洗い過ぎてしまうとか。

泡立ちが悪いと汚れが落ちない気がして、2回シャンプーしてしまうとか。

脂がよく落ちそうだからと、高温のお湯で洗ったり、力任せにブラッシングしたりとか……。

身に覚えのある方も多いのではないでしょうか？

このように、よかれと思ってしていることが、実は地肌や髪を傷めつける行為にな

力任せのゴシゴシ洗い、
力任せのブラッシング
は、地肌や髪の毛を傷
つけます。

っている場合があります。

毎日の洗髪とブラッシングは、髪や頭皮を清潔に保つために大切なのですが、きれいにしようと力んでシャンプーやブラッシングをしすぎると、ヘアケア過剰になり、髪や頭皮に負担がかかってしまいます。

その結果、抜け毛や白髪、パサつきなどの髪のトラブルが引き起こされることも十分あります。

20代の頃であれば、まだリカバリー力があるのですが、年齢を重ねるにつれて回復力は衰えていきます。

30代後半からのやり過ぎ、とり過ぎケアは、リカバリーできなくなる危険がありますので、注意してください。

「何事もほどほどに」を、おすすめします。

夜シャンプーが髪にいい

「朝にシャワーを浴びるから、シャンプーもそのときに」とか「朝にシャワーしたほうが寝癖も付かなくていい」という話をよく耳にします。

確かに、きれいなスタイルがつくりやすいのは、朝シャンかもしれません。

でも、シャンプーには「髪や頭皮を洗う」だけでなく、「マッサージする」という血行促進の役割もあります。

頭皮の細胞が生まれ変わったり、毛根で新たな髪が育つのは「夜」です。

夜は、新たな髪が育つ時間。そのときに、汚れが付いたままだったり、血液の流れが悪かったりすると、再生力が半減します。細胞の修復がうまく行われません。

また、睡眠中は体温が下がるので、肌や頭皮も日中より冷たくなります。分泌された皮脂が毛穴周りで固まると、毛穴が詰まりやすくなったり、髪が細くなったり、ツヤが失われがちに……。

美しいツヤ髪を育てたいのであれば、絶対に夜シャンのほうがおすすめです。

朝シャンには、「頭皮をダメージにさらしてしまう」という問題もあります。

シャンプーは夜に。頭皮をマッサージして血行を促進し、健康なツヤ髪を育てましょう。

シャンプーをすると、汚れだけでなく、頭皮の皮脂もリセットされます。皮脂膜がなくなると、頭皮を守るバリア機能が発揮されません。皮脂が分泌されて、元通りの皮脂膜が形成されるまでには数時間かかります。朝シャンしてからすぐに外出してしまうと、無防備な頭皮を紫外線にさらしてしまうことになるのです。

また、髪のキューティクルも、シャンプー直後は乱れていますので、ごわついたりパーマがとれやすくなったり、髪の色が退色しやすくなるというデメリットもあります。

シャンプーは夜に行い、きちんと髪を乾かして、寝癖が付きにくい状態にしてから眠りましょう。

ときには朝シャンをする日があってもいいですが、毎日の習慣にするのは控えましょう。

肌だけでなく髪にも紫外線対策を

紫外線が気になる季節、お肌の日焼け対策に力を入れる人は多いですよね。

でも、顔や体の日焼け対策だけで満足してはいないでしょうか。

顔や体には日焼け止めをしっかり塗っているのに、頭には何も手をかけないで外出しているという人も少なからずいらっしゃるのでは？

実は、髪も日焼けします。

ですからお肌と同じように、紫外線対策が大切なのです。

それを気にしないで直射日光を浴び続けていると、髪の一番外側を覆っているキューティクルが紫外線の影響でめくれたり、はがれてしまいます。

すると、髪の中のタンパク質や保湿する成分が流れ出てしまい、それが原因で髪が乾燥し、パサつきの原因になります。夏にパサつきやすい方は、そのためです。

さらに、紫外線によってメラニン色素が破壊され、髪色があせて赤みを帯びた色に変色してきます。ヘアカラーをしている場合はメラニン色素が少ないので、一層、紫外線の影響を受けやすい状態です。とくに注意してください。

遮光100%の日傘なら紫外線の心配はありません。

加えて、頭皮が焼けてしまうと、髪がうねりやすくなり、薄毛や白髪にもつながって老化が促進されてしまうこともあります。

直射日光対策としては、日傘をさしたり帽子をかぶったりするのがおすすめ。外出の際は、必ず持ち歩いて、髪を紫外線から守りましょう。

そのほかの方法としては、外出前にUVスプレーをしたり、ヘアオイルやアウトバスオイルを塗る対策方法もあります。

紫外線を浴びてしまったときは、地肌の炎症を抑えるためのエッセンスで頭皮ケアをしたり、髪にトリートメントをしてケアしたりすると、状態が落ち着きます。

紫外線を浴びた髪は、キューティクルが乱れ、ダメージを受けています。修復力の高いエッセンスやトリートメントを使うといいでしょう。

分け目を変えると毛の立ち上がりがよくなる

髪の分け目を定期的に変えていますか？

実は、分け目を一定にしていることが原因で、薄毛になることがあります。何年も同じ位置で髪を分けていると、髪本来の生える力が働かず、どんどんそこから立ち上がりが悪くなるのです。

イメージとしては、芝生の上にぐちゃっと座っているようなもの。そこからへたれて毛の立ち上がりがなくなる感じです。次第に分け目が目立つようになってきます。

さらに、分け目を一定にしていると、分け目の部分から白髪も増えてきます。

髪はもともと白く、メラニン色素が働いてくれるから黒く染まるのですが、分け目を一定にしていると、紫外線が一定の箇所に当たるため、メラニン色素細胞がどんどん破壊されていきます。

また、毛穴周りには皮脂がたくさんあります。皮脂は紫外線を受けることで酸化するのですが、メラニン色素細胞は酸化に非常に弱い性質を持っているので、紫外線が当たれば当たるほど働きが弱まります。その結果、髪が白くなってしまうのです。

分け目を一定にしていると、そこから薄毛が始まり、白髪が生えてくることも……。

分け目のある頭頂部は、太陽に一番近い場所にあり紫外線をつねに浴びているので、意外と大きな負担がかかっています。

男性はO形脱毛症やM字脱毛症が起きやすいですが、女性は男性よりも分け目の薄毛が現れやすい傾向にあります。

髪や頭皮に負荷をかけないように、分け目を定期的に変えて、薄毛や白髪の進行を抑えることが大切です。

ヘアサロンで髪を切るときには、2、3カ月に1回など、分け目を変えてもらうようにするのがおすすめ。たとえば分け目のところをまっすぐではなくジグザグにするだけでも、ダメージは予防できます。

日々の小さなダメージが積み重なり、大きく影響しますので注意しましょう。

アップもいいけれど、ときにはダウンスタイルも

「ポニーテールハゲ」という言葉があります。

これは文字通り、ポニーテールのように髪を引っ張るヘアスタイルを続けることにより、若い女性でも、切れ毛や抜け毛が増えたり、生えぎわが後退したりしてしまう症状。いつも髪が引っ張られることで毛根が弱り、次第に髪が生えてこなくなってしまうのです。

引っ張られてばかりいると、髪に癖が付いて、毛穴の形も横に広がってきます。毛を支える力が弱くなるので、生えぎわから薄くなってしまう危険が大きくなります。

これは専門的には「牽引性脱毛症」といい、中高年女性の薄毛の要因の1つとして、医師も警笛を鳴らす立派なトラブルです。

シニヨンなどのまとめ髪や、エクステンションを付け続けていても、同様に髪が引っ張られるので、同じ症状に見舞われる危険があります。

髪と頭皮にやさしいのは、アップスタイルよりもダウンスタイルのほうです。

とはいえ、お仕事の関係でヘアスタイルの規定があったり、育児や家事で忙しいと

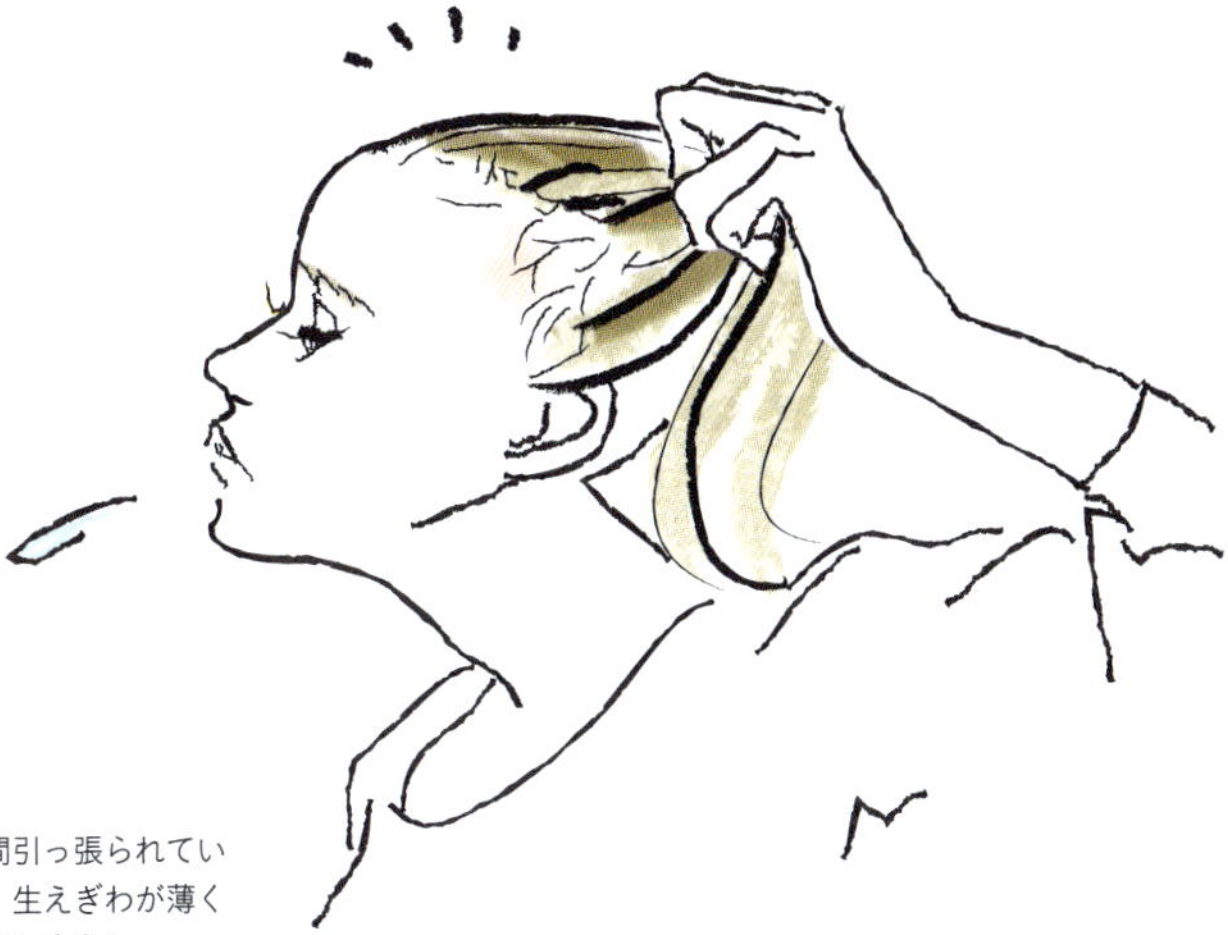

長い間引っ張られているると、生えぎわが薄くなってしまう！

きは、顔に髪が落ちてくるのが気になって、髪をまとめたいということもありますよね。

もちろん縛ってもいいのですが、そんなときは、ブラシで強くとかしてキュッと留めるのではなく、手櫛でゆるやかにまとめるほうが負担は小さくなります。

そして、まとめ髪をした日は、アフターケアをしっかりすること。何時間も引っ張られ続けた頭皮の緊張を早めにほぐしてあげましょう。

髪をほどいたら、指先を頭皮に押しあてるようにしながらマッサージします。

頭皮をこするのではなく、頭皮を頭蓋骨からずらすようなイメージで、小さくクルクルするのがポイント。

頭皮の血行が促され、引っ張られゆがんでいた毛穴のダメージも小さくすることができます。

Part 3

これからのヘアスタイルの探し方

38歳からの決め手は「菱形」フォルム

38歳からのヘアスタイルの決め手は、なんといっても「菱形」フォルムです。

正面から見たとき髪型が「菱形」になっていると、どんな顔立ちの人でもバランスがよくなり、明るさがアップします。

髪の両サイド、トップ（頭頂部）、あごに点を打って、菱形シルエットをつくったとき、「こめかみ」のあたりから「耳の下」の間に、両サイドへの広がりポイントがあると、きれいに見えます。

パッと見、広がった両サイドに目線がいくので、耳の下からあごまでのフェイスラインが小さくシャープに見えます。

たとえば、頬がたるみがちの人や、えらの張りが気になる人も、両サイドにボリュームを出すことで、たるみや張りをナチュラルにカバーできるのです。

菱形の形と両サイドの山の位置は、ショート、ボブ、ロングなど髪の長さによって左図のように少し異なりますが、この菱形フォルムを意識すれば、長さを問わず、間違いなく洗練されて見えますよ。

髪の長さ別、菱形フォルム

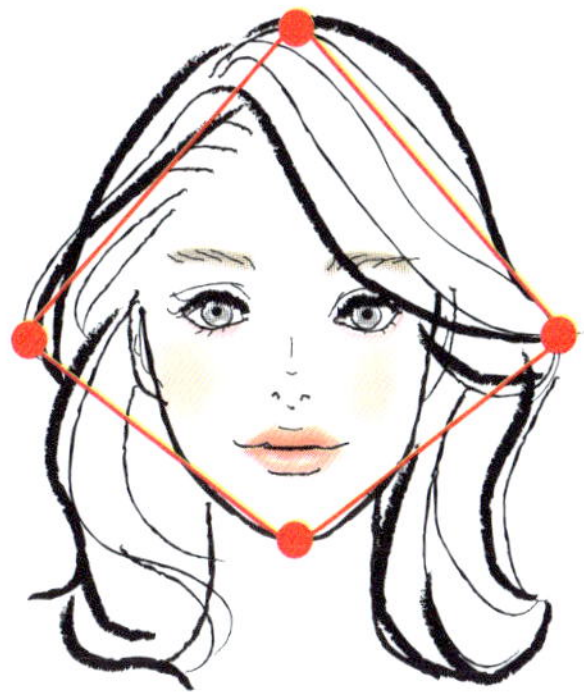

[セミロング]

耳の真ん中を目安に、広がりポイントを持ってくると、軽やかさのあるヘアスタイルに仕上がります。

[ボブ]

耳の中央から耳下あたりを目安に、広がりポイントを持ってくると、動きのあるボブスタイルになり、活発さがプラスされます。

[ショートヘア]

こめかみより少し上を目安に広がりポイントを持ってくると、小顔効果を期待できます。

ある程度髪が伸びても、きれいに見える髪型がある！

30代後半というと、家事や育児や仕事でちょうど忙しい時期。なかなか美容院に行けない……という方も多いと思います。

そんなとき、ある程度髪が伸びても、きれいに見える髪型があります。

それが先ほどの「菱形」フォルムです。毛先をすいた動きがあるヘアスタイルは、重すぎない状態で伸びていきます。そして驚くべきことに、伸びていくうちに自然なボブに変化していくのです。つまり、菱形フォルムにカットしてもらうだけで、数カ月ほど美容院へ行かなくても、だらしない印象にならないということ！

ただ、前髪をつくっている人の場合は、伸びてきたなと思ったら、前髪だけでいいので美容院で切ってもらうようにしましょう。5～10分あれば切ってもらえるはず。それだけで、お手入れ感が伝わります。

前髪は印象操作にすごく重要な部分。前髪だけだから……と思って自分で切ると、失敗する可能性があります。少し手間はかかりますが、前髪はプロに切ってもらうことをおすすめします。このひと手間の差は大きいです。

30代後半からは清潔感を意識して

美容院へ足を運ぶのは難しくても、家で髪を少しアレンジするぐらいだったら、手軽にできるのではないでしょうか。

1つ結びするにしても、ただ髪をゴムで結ぶだけでなく、結んだゴムの上にアクセサリーをつけてみるだけで、印象はだいぶ変わります。

数秒で終わるほんのひと手間ですが、やるとやらないでは大違い。

それだけで、おしゃれに気をつかっている人だなと思われますし、自分の気分も上がります。

どんなにおしゃれをして、きちんとメイクをしていても、髪がパサついていたり乱れていたら、だらしない印象を与えてしまいます。

とくに30代後半を過ぎると、不潔感や品の無さが目立ち始めます。

これからは今まで以上に清潔感を意識していきましょう。

ほんの少しの手間で、印象はアップできますよ！

肉顔、骨顔。顔の輪郭2つのタイプ

顔の輪郭には2つのタイプがあります。頬周りにあまり肉が無い骨顔さんタイプと、頬周りにお肉を感じる肉顔さんタイプ。あなたはどちらでしょうか？

骨顔さんタイプには、直線的な中にも大きくふんわりとした丸みを取り入れたソフトボブがおすすめ。頬骨のでっぱりをソフトな丸みで上手に隠し、顎のラインのきれいさを強調すると、すてきなバランスに仕上がります。

一方、肉顔さんタイプには、ボリュームのある逆三角形のヘアスタイルがおすすめ。サイドにボリュームを持ってくると、視線が上にいくので、頬周りのお肉がさほど気にならなくなります。

自分の顔の特徴を捉えて、好印象を与える面はそのまま生かし、マイナス印象を与えそうな面はプラスに変えていきましょう。

年齢を重ねるにつれて、どんな顔型の人も、肉顔さんタイプに変わってくる傾向があります。毎日のスキンケアにフェイスラインのマッサージを取り入れることで、顎に肉が付くのを予防することができますので、気になる方は試してみてください。

顔の輪郭が与える印象

[骨顔（菱形）]

プラス面：知的、シャープ、涼しげ。

マイナス面：きつそう、冷たそう。

おすすめのヘアスタイル：大きくふんわりとした丸みのあるソフトボブ。

[肉顔（三角形）]

プラス面：豊かな感じ、やさしそうな感じ。安定感がある。

マイナス面：鈍そう、老けて見える。

おすすめのヘアスタイル：ボリュームのある逆三角形のスタイル。

目鼻立ちで似合う髪型は違う

目鼻立ちの大きさによって、似合う髪型は異なります。

目鼻立ちが大きい人は、快活で何に対しても積極的に見えますし、存在感がありま す。顔立ちが華やかな印象なので、縮こまったヘアスタイルよりも、大きめのボリュームのあるヘアスタイルがおすすめです。

クールヘアやストレートヘアよりも、ウエーブヘアのような髪型のほうが顔立ちになじみます。

一方、目鼻立ちが小さい人は、消極的な印象を与えます。顔がおとなしい雰囲気なので、ほどよく動きのあるナチュラルなスタイルにするといいでしょう。

細かいカールや強すぎるウェーブヘアではなく、ストレート感をさりげなく感じるクールヘアやスタンダードな髪型が似合います。

目鼻立ちが小さくても、メイクで目の周りや眉を強調して力強さを出すようにすると、積極的な印象に変わります。

髪型を決めるときの参考にしてみてください。

顔のつくりが与える印象

[目鼻立ちが大きい]

プラス面：エネルギッシュな感じ、明るい、華やか。
マイナス面：強そう、派手そう。

ウェーブなどの髪の広がりを感じるヘアスタイルをおすすめします。逆に、顔の周りの動きが少ないストレートヘアは、ボリュームがないため、目鼻立ちの華やかさに負けてしまい、お顔のパーツばかりが目立ってしまいます。

[目鼻立ちが小さい]

プラス面：清楚、平静、温和。
マイナス面：地味そう、暗そう。

全体的にやわらかい丸みを感じるナチュラルヘアをおすすめします。やさしい印象に見られがちなお顔立ちなので、強すぎるウェーブやきつめのカールスタイルにしてしまうと、お顔の雰囲気とギャップが出過ぎてしまいます。

毛量と髪質別、ヘアスタイルのポイント

髪に関する困りごとの中で、よく聞かれるのが「まとまりづらさ」。

毛量が多くて髪質が太くかためな人は、髪に重さがないと、すぐに広がってしまう傾向があります。

このタイプでロングの人の場合は、長めのストレートにして、髪の重さで広がりにくくする方法がおすすめです。全体をすき過ぎてしまうと、癖が出やすくなったり、広がりやすくなるので注意してください。

ボブスタイルの場合は、あえてパーマをかけて広がってもさほど気にならなくしてしまうのも手です。毛先の動きの中に空気感が出るので、やわらかい印象になります。

ショートにするときは、襟足をスッキリ短くすると、広がりを抑えられます。

一方、毛量が少なくて髪質が細くやわらかい人は、ボリュームが出ず、ペタンコになりがち。髪の長さを問わず、髪の外側の表面を少しすいてサイドに広がりを出すと、毛量が多く見えます。前髪もボリュームを意識して、トップから多めに取るようにすると、毛量が多く見えますよ。

太い・多い・かたい

［ロングヘア］

前髪を斜めに流したストレートヘア。毛先にシャギーを入れて軽さを出す。

［セミロング］

毛先を外側にはねさせて軽やかに。毛先にカールをつくって重過ぎない印象に。

［ショートヘア］

サイドにボリュームを出して広げると、横から見たときのシルエットもきれい。

細い・少ない・やわらかい

［ロングヘア］

全体的にシャギーを入れて軽くカールをつけ、両サイドにボリュームを出す。

［セミロング］

菱形シルエットを意識してサイドのボリュームアップ。前髪は多めに取る。

［ショートヘア］

トップ部分を短くして立ち上がりを付け、前髪にボリュームを出すと毛量感UP。

「似合う」髪型を探すより「なりたい」が大切

雑誌などでよく見かけるヘアスタイル特集。

すてきな髪型がいくつも紹介されてはいるものの、自分に似合う髪型や、美容室を選ぶことができず、困ってしまうことってありませんか？

誰にでも似合うヘアスタイルがあったら、迷う必要もなくてラクでしょうが、人によって顔立ちは異なりますので、そのような便利な髪型はありません。髪型を決めるときに大切なのは、似合うかどうかよりも「なりたい」ビジョンの明確化です。

「この人すてき！」と思う人に、通っている美容室を聞いて、同じ美容院へ行ってみるのも1つの方法です。

美容師さんにも得意不得意があって、ショートが得意な人、抜け感をつくるのが得意な人、前髪の5㎜、3㎜にこだわる人とか、いろいろ……。

実際のところ行ってみないとわかりませんが、自分がすてきだと思うヘアスタイルをつくる美容師さんがいる美容室に行くだけでも、「なりたい」髪型には1歩近づきます。

まずはチャレンジ！切っても髪は伸びてくる

いつも同じぐらいの髪の長さで、美容院へ行ったことにも周りが気付かないぐらい、ちょこちょこ切っている人にとって、チャレンジしたことがない髪型に挑戦することは、不安や失敗への恐怖があって、かなりハードルが高いと思います。

でも、挑戦する前に諦めないでください。似合うだろうかと悩む前に、とりあえずやってみましょう。切っても髪はまた伸びてくるのでチャレンジを恐れないで。

38歳ぐらいになると、「こうじゃいけない」という気持ちがちょっと出てくると思うんです。だからといって、変化を恐れて挑戦しないのはもったいない。そのときになりたい髪型に、ぜひチャレンジしてみてください。

髪型を変えることで、着る洋服も変わりますし、眠っていたアクセサリーが使えるようになることもあるかもしれません。髪を切りに行くことを「変化を楽しむ機会」という感じで捉えてみたらいかがでしょうか。

髪型を変えた後は、気恥ずかしそうにはしないで、堂々としていてくださいね！

理想のスタイルはビジュアルで伝える

美容院でオーダーするときの注意点は、「こういう髪型にしたい」という、なりたい髪型を、写真で数枚持っていくことです。

自分の「なりたい」イメージを伝えることは、どんどんしたほうがいいと思います。理想のイメージに近い洋服を着て美容院へ行くというのも方法の1つ。

今よりも、ちょっとクールな髪型にしたいのであれば、ジャケットを羽織るなど、少しカチッとした格好で行ってみてもいいですね。

なりたいイメージをビジュアル的に見せることで、美容師さんもイメージが掴みやすくなります。

美容師さんもプロなので、「理想には近づけるけど、ここはこうさせて」などと、うまい具合に調整や提案をしてくれるでしょう。

1点、注意してもらいたいことがあります。

なりたい髪型のイメージを抱くときは、対象年齢を若くしないこと。年齢が若いと、若づくりし過ぎ感が出てしまう危険があります。気を付けてください。

流行は「適度」に取り入れて

「もういい年齢だし、流行を追いかけて頑張ってる感が出るのは、ちょっと……」という方も、中にはいらっしゃるかもしれませんね。でも、行き過ぎないぐらいのレベル感であれば、年齢を問わず流行を取り入れたほうがいいと思います。

最近、10代の子たちが韓国系のアイドルに憧れて髪色を明るくしたり、前髪を重くしたりしていきます。これを娘と同じような感覚でやろうとすると、ちょっと痛々しくなってしまいますが、自分がアラフォーぐらいの年齢だと認識していたら、行き過ぎない範囲で、うまく流行を取り入れていけると思います。

今だったら、ふんわりして丸みのある、軽くウェーヴが付いた感じの髪型が流行っています。髪を簡単に巻ける道具も数多くあるので、表面だけサッサッと巻いて、少し流行を取り入れてみてもいいですね。

流行に無関心な人でいるよりも、日頃からアンテナを張って流行を意識している人のほうが、気持ちの面でも若々しくいられると思います。

髪型を変えたら眉の描き方を変えよう

髪を切ったはいいけれど、なんだか似合わない……と感じるときはありませんか？それは、もしかすると、あなたのメイクに問題があるのかもしれません。

実は、髪型には「相性のいいメイク」というものがあります。メイクを変えたらバランスよくまとまって髪型が決まる場合があるのです。

髪型にあわせたメイクを考える上で大切なのは、「眉毛とのバランス」です。

たとえば髪を短くすると、顔の肌色の面積が多くなるぶん顔が大きく見えますよね。そんなとき、眉毛の下側のラインにボリュームを出して眉毛を太くしてあげると、肌色の面積が少なくなって小顔に見えます。

また、直線的でシャープなヘアスタイルは、眉毛の形をシャープにすると、バランスよくまとまります。エラの張りが気になるという人は、眉尻と目尻にボリュームを出すだけで、さほど気にならなくなります。

「眉毛」で、与える印象はガラリと変わります。髪型を変えたら、眉毛の描き方だけでもちょっと変えてみるといいでしょう。

髪型を変えたときのメイクアップポイント

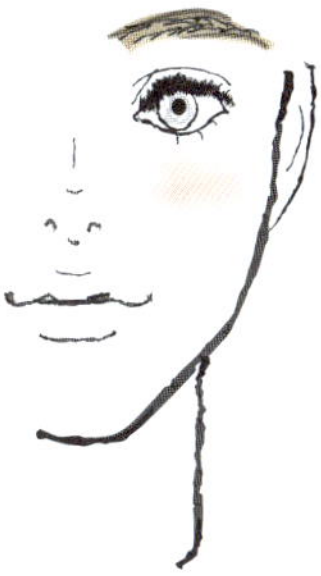

丸みのあるやわらかい
ヘアスタイルにした場合

1.眉頭から眉山にかけて丸みをつくります。眉の下側にも丸みを意識して曲線に仕上げます。2.チークは頬骨の中央にふんわりとなじませます。ニコッと笑って盛り上がる場所に血色を。

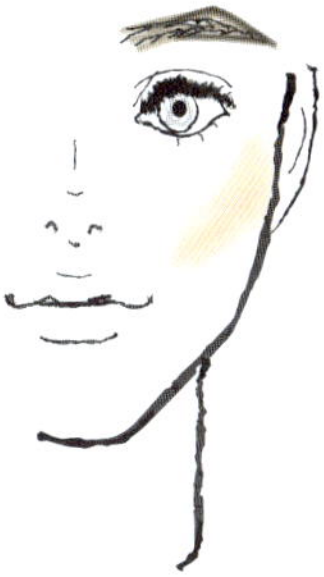

シャープな
ヘアスタイルの場合

1.眉山に少し直線的な形を付けます。眉山の下は水平に仕上げます。2.チークは頬骨に合わせて斜めのラインを強調しましょう。

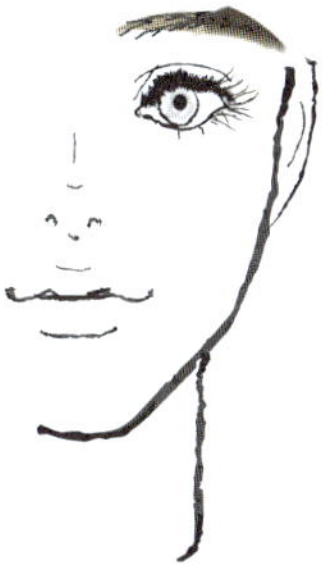

エラ付近のフェイスラインを
スッキリ見せたい場合

1.眉山から眉尻に濃さを付けるようにしましょう。いつものように眉を描いてからダークブラウンのパウダーで濃さをプラス。2.マスカラは目尻側にしっかりと付けてみましょう。

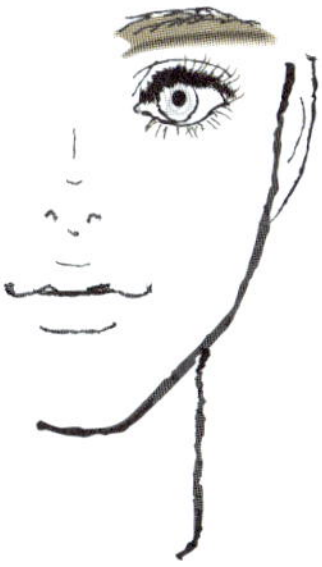

前髪を短くしたり、
フェイスラインが出た
ヘアスタイルにした場合

1.眉に太さをプラスしてみましょう。いつもより、眉の下側にボリュームを付け、水平になるように太さを出してください。2.マスカラを少し多めに付けて、まつ毛のインパクトを出すことで小顔効果につながります。

髪型と相性のいい着こなしがある！

「髪を短くしたら、女性らしい服装が似合わなくなったような気がする……」と感じたことのある方もいらっしゃるのではないでしょうか。

短い髪にすると、軽快感が増す一方で、女性らしいスタイルが似合わなくなることが時々あります。

メイク同様、髪型を変えたら、服装も少し見直してみましょう。

たとえば、髪を短くしたときは、トップスはシンプルに、ボトムスには広がり過ぎないスカートを合わせてみましょう。

さりげないエレガントさがプラスされます。

ベージュピンクやイエローグリーンなどの、きれい色もおすすめです。

一方、ロングヘアで、ストレート感が強いクールな髪型の場合は、ふっくら感がある女性らしいシルエットより、女性らしさにつながる「素材」にこだわったほうがバランスがとれます。

たとえば、薄手でやわらかいストンと落ちる素材を選ぶと、上品で知的な印象になります。

女性らしいカールが強い髪型の場合は、レザーなどのハード感のあるアイテムを取り入れたり、パンツなどシャープで男性的なものを取り入れてみましょう。

華やかさにクールさが加わって、うまくバランスがとれるようになります。

逆に、やわらかなフレア系の服装を合わせると、甘過ぎて、しつこい印象になってしまいます。

10代のときなら「可愛い！」となったかもしれませんが、30代後半からは、女っぽ過ぎたり、ぶりっ子的な雰囲気が、年齢的にちょっと厳しくなってきます。

あか抜けていない感や、頑張ってる感がだんだん目立ってくる年齢でもあるので、意識的に気を付けたほうがいいでしょう。

30代後半からは、髪型と服装の印象を逆にする発想で、ファッションを考えてみると、うまくバランスがとれます。

ロングヘアの人が女性らしい服装をするときは、アップスタイルがおすすめ。フェイスラインをスッキリさせることで、軽やかさとナチュラル感がプラスされて、甘過ぎない感じに仕上がります

次ページにコーディネート例を紹介していますので、参考にしてみてください。

この髪型にはこの服装が似合う!

コーディネート例

ストレート感が強い髪型

女性らしさを感じる素材がおすすめ。薄手でやわらかく、ストンと落ちる素材のアイテムを選んでみましょう。

テロテロのインナー、プリーツが細かめの広がりの出ないロングスカートなど。

短めの髪型

短めの軽やかなヘアスタイルには、パステル調のファッションがお似合いです。トップスはシンプルに、広がり過ぎないスカートを合わせると、さりげないエレガントさがプラスされます。

パステル調のアイテム、広がり過ぎないスカート、タイトスカートもOK。

アップスタイル

フェイスラインをスッキリと出したアップスタイルには、花柄などの女性らしいファッションを合わせてもOK。甘過ぎ感を軽減できます。

フレアスカート、ワンピース、花柄、膝丈スカート、ブラウスなど。

カール感が強い髪型

女性らしいヘアスタイルには、ライダースなどのハードなものや、パンツなどシャープなものをスパイス的に取り入れて。華やかさにクールさが加わります。

ライダースジャケット、パンツ、デニム、ジャケットなど。

Part 4

髪の悩みが解決！
正しい頭皮&ヘアケア法

女性によくある髪の悩みいろいろ

40代目前の年齢になった今、髪に悩みを抱える方も多くいらっしゃるのではないでしょうか。

大正製薬が20~60代の女性を対象に2018年に実施した髪の悩みに関する調査がありました。

悩みの内容としては、白髪やパサつき、くせ毛、抜け毛、髪ツヤのなさ、ボリュームの減り、ハリやコシの無さなど……。

「そう、そう！」と思われる方も、いらっしゃるかもしれませんね。

ただ、このような髪トラブルを抱えていても、積極的に髪のケアをする人は、ごくわずか。念入りにケアしている肌とは違い、髪の場合は悩みを抱えたまま放置していることが多いようです。

しかし、肌と同じように、髪もケアをしなければ傷む一方。結果的に、実年齢よりも老けて見えてしまうことに……。

そうならないためにも、気になる部分と向き合い、手をかけてあげましょう。

自分の髪で気になるところ

20〜60代女性対象の調査結果（2018年度、大正製薬調べ）

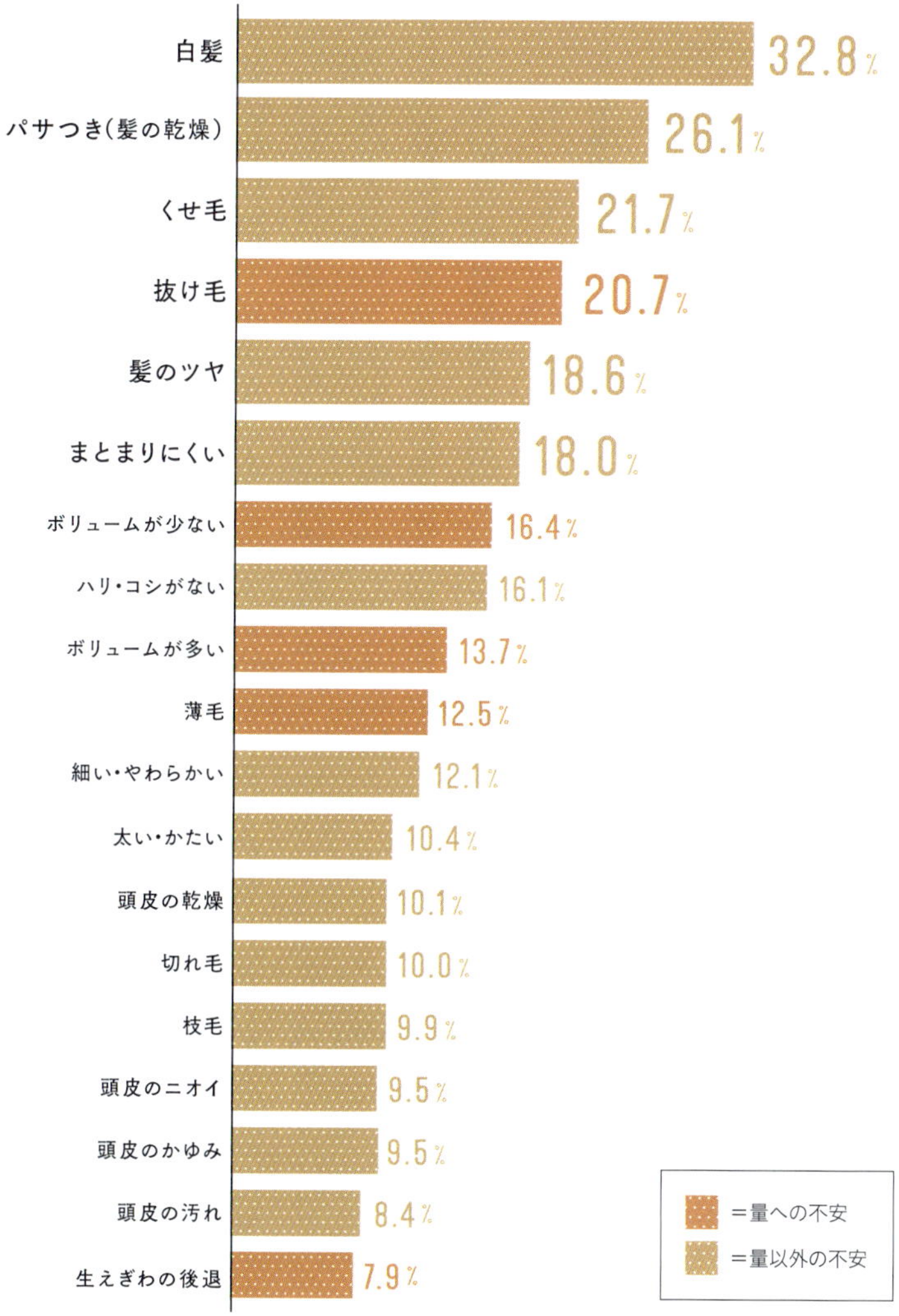

トラブルは隠すより改善する方向で

30代を迎えると、肌の状態に大きな変化が見られるようになります。たとえば、肌が乾燥してカサカサしたり、くすみが気になったり……。

こうした肌トラブルは、新陳代謝が下がっているサインです。肌は新陳代謝をくり返しているのですが、ある研究によると、0歳から上昇し続ける新陳代謝の力は、20代を境に低下し始め、40代までに一気に落ちるというデータが出ています。

さらに別の研究では、次ページのグラフのように、肌の水分量が10代からどんどん減っていくのに加えて、皮脂量も30代をピークに下がり始めるというデータもあります。水分量が低下していく中、なんとか肌をベストな状態で維持しようと皮脂量は頑張るのですが、30代になると、頑張りも限界を迎え、ついに落ちていくのです。

老化は0歳から始まるという説もありますが、お肌の曲がり角はどこかと聞かれたら、皮脂量が落ちて乾燥肌に一気に傾く30代だと言えます（ただし個人差はあります）。

先にお伝えした通り、頭皮と顔の肌は地続きですので、肌の変化に伴って頭皮も老化し、薄毛や白髪などのトラブルも起き始めます。

加齢に伴う水分量、皮脂量の変化

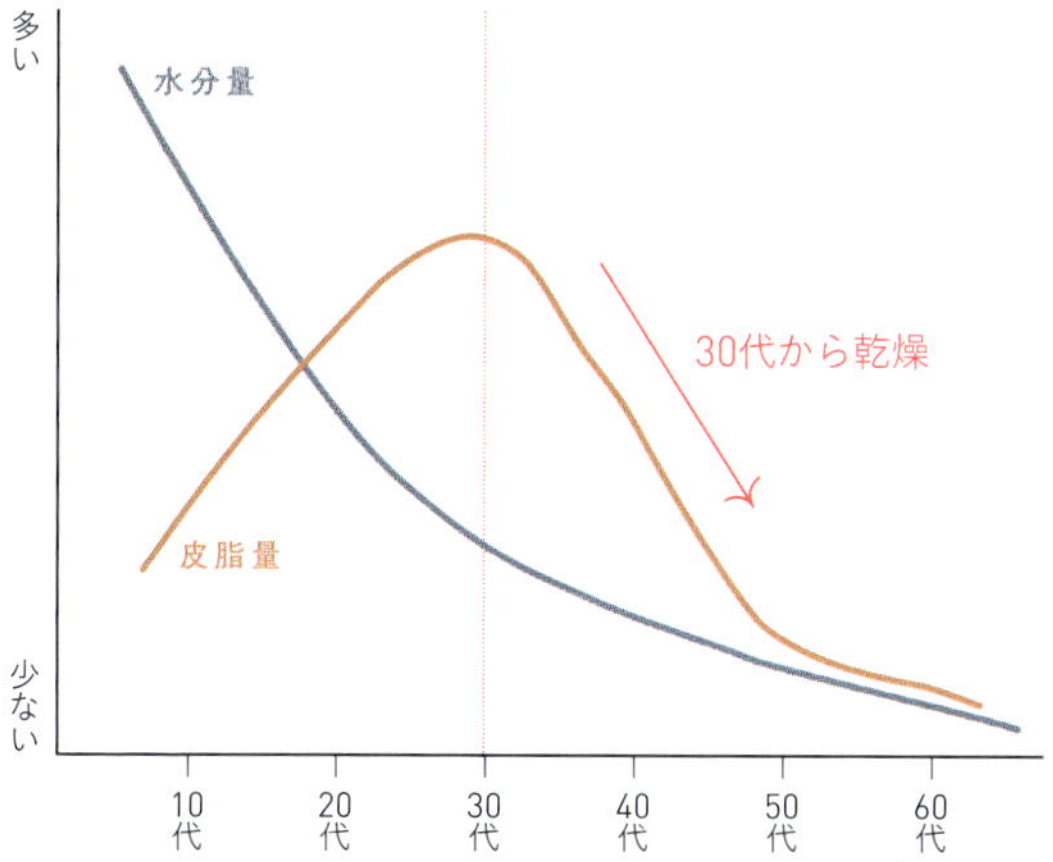

トラブルが起きると、つい隠そうとしてしまいがちですが、「隠す」発想はやめましょう。何も変わりませんし、状況が悪化するだけです。

それよりも「改善する」ためのケアを始めるべきです。

ケアすることで、10年後、20年後にヘアスタイルをもっと楽しむことができます。

悲しいですが、ある程度年齢を重ねると、体の能力が衰えてくることは自然の摂理。

ここで決して落ち込む必要はありません。

これから生えてくる髪は、年齢に関係なく、お手入れ次第でいくらでも生まれ変わります。

20代の頃のようには戻れなくても、ケアによってエイジングの進行を遅らせることは、いくらでもできるのです。

よくある悩み❶ パサつき

髪は頭皮から分泌される皮脂でコーティングされることで、ツヤや潤いを保っています。頭皮から分泌される皮脂こそ、髪にとって大切な天然の保湿剤。

しかし、お肌同様、年齢とともに皮脂の分泌量は低下するので、毎日のケアでしっかりと補ってあげることが大切です。

髪がパサつく原因は、日常生活で傷つけられたキューティクルそのものの損傷と、キューティクルとキューティクルをつなぎとめる役割をしているCMC（脂質、細胞膜複合体）の不足。キューティクルとは、うろこ状でタケノコの皮のように少しずつ重なりながら髪を外敵から守ってくれるものです。キューティクルそのものは透明なので目で見ることはできませんが、これがきれいに並んで整っていると、髪の水分バランスが整い、髪が潤います。

しかし、紫外線やドライヤーの熱、タオルドライやシャンプー時の摩擦などが原因で、このキューティクルは損傷してしまいます。CMCも、ヘアカラーやパーマなどで喪失してしまうため、日頃のケアで補う必要があります。

健康な髪と傷んだ髪のキューティクルの違い

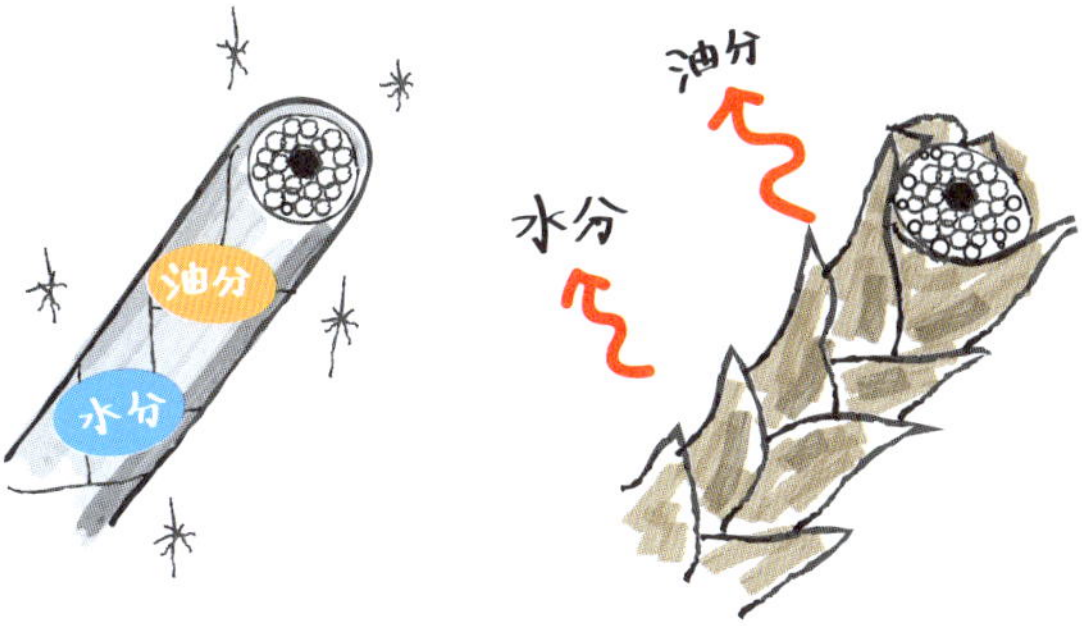

髪の一番外側を覆っているのがキューティクル。左が健康な髪。右が傷んだ髪。傷んでいると、髪内部の水分や油分が外に逃げていく。

美しい髪の理想の水分は11〜13%。この水分量を維持するためには、キューティクルがきれいな状態を維持することが欠かせません。

一度損傷を受けたキューティクルは、残念ながら自然に元に戻ることはありません。しっかりとケアしなければ、ダメージは蓄積する一方。最後にはキューティクルそのものがなくなり、髪がボロボロに……。

そうならないように、日頃からトリートメントを使ってキューティクルをケアしましょう。

そして、日々髪にダメージを与えないよう、紫外線や摩擦、熱から髪を守り、ダメージを軽減してくださいね。

ダメージの度合いによりケア方法も異なります。自分の髪に合ったケア方法で、潤いのある美髪を手に入れてください。

よくある悩み❶ ≫ パサつき

髪を乾かしきらないと髪は乾燥する

お風呂から出た後、髪をしっかり乾かしていますか？　「まだ少し濡れているけど自然乾燥でいいや」と乾かしきらずにいる方も多いのではないでしょうか？　〝自然〟という言葉が付いていると、なんとなく自然乾燥のほうが髪へのダメージも少なそうという印象がありますよね。

しかし、「自然乾燥はダメージが少ない」というのは大きな勘違い。

実は、ドライヤーの熱よりも自然乾燥のほうが、髪や頭皮のトラブルを招く原因なのです。髪は濡れた状態のほうがダメージを受けやすく、キューティクルもはがれやすくなります。しっかり乾かしきらない状態でいると、無防備な状態が続き、乾燥してダメージを受けてしまいます。

また、濡れたまま放置していると頭皮が蒸れ、においの原因にも。

疲れて帰宅したときなど、濡れたままの髪で寝てしまうこともあるかと思います。でも、それは髪にとっては大きなダメージ。濡れたままにせず、タオルドライとドライヤーでしっかり髪を乾かして、乱れたキューティクルを整えてあげましょう。

ドライヤーを使うのは、タオルでしっかり水気を取ってから。

早く乾かしたい場合は、タオルを2枚使ってしっかり水気を取ってからドライヤーを使うのがおすすめです。

長い髪の場合、タオル1枚では水分を拭き取るのは難しいと思いますので、1枚目がびっちょり濡れたら、新しく乾いたタオルを1枚追加します。

そのほうが吸水力が格段に高まります。

ゴシゴシと髪をタオルでこすったり、引っ張ったりしてはいけません。髪の表面に摩擦を生じさせないように、タオルを持った両手で髪を挟むように、ポンポンと叩いて水気を取りましょう。

髪の付け根の水分を吸い取ることも忘れないでください。タオルごしに頭を押さえるようにするようにすると取りやすいです。

よくある悩み❶ ≫ パサつき

ドライヤーを使った正しい髪の乾かし方

「ドライヤーは髪を傷めそう」というイメージを持っている方は多いかもしれません。しかし、正しい乾かし方をマスターすれば、傷むどころか、ダメージに強い髪をつくったり、美しいツヤを手に入れることだってできるんです。

髪を傷める原因は2つ。熱と摩擦です。長時間高熱のドライヤーをあてないこと、そして乾かすまでの間、ドライヤーを揺らして髪の摩擦を減らすこと、この2点が重要です。タオルドライと風力の強いドライヤーを使うことで、ドライヤーをあてる時間は短縮できます。

大事なのは、正しいかけ方。ドライヤーの種類が違っても、基本的なかけ方は同じです。次ページを見ていただくとわかるように、ドライヤーで髪を乾かせば終わりというわけではありません。夜に髪を洗った後、ブローまでしておいたほうが、翌朝の髪の落ち着き方が全然違いますし、寝癖が付いても元に戻しやすくなります。「明日つくりたい髪」をつくるイメージで、ブローまですることをおすすめします。

ブロー時は、目の詰まった猪毛や豚毛などの天然毛のブラシがおすすめです。

How to

20㎝くらい離して地肌に温風をあてる

指で髪を少しずつ持ち上げ地肌を出す。20㎝くらい離して温風をあてる。このときドライヤーを揺らす。濡れた状態の髪を揺らすとパサつきのもとに。

「上から下に」ドライヤーを動かす

指を熊手のようにして髪を上から下に向かって軽く引っ張る。キューティクルが同じ方向に整うように意識しながら、風を上から下にあてる。

冷風をあてて髪表面をコーティング

頭皮がしっかり乾いて、髪が8割方乾いたら、上から下に向かって冷風をあてる。冷風をあてると髪のキューティクルがきれいに整ってツヤツヤの髪に。

最後にブラッシングで仕上げる

乾かした後、ブラッシングをすると、キューティクルがさらに整う。翌朝、寝癖が付きにくくなったり、髪型が崩れにくくなり、時短にもつながる。

よくある悩み❶ » パサつき

おすすめのドライヤーをご紹介します

毎日使うドライヤー。セミナーなどでお話しをしていると、「髪を乾かす道具だしどれを使っても同じですよね？」という声を受講者の方からよく聞きます。

それは大きな間違い。使用するドライヤーによって、ツヤやまとまり、ボリューム感まで、まるで変わってきます。いろいろなメーカーから種類が出ているので、選ぶのも難しいと思います。ここでは、おすすめのドライヤーを3つご紹介します。

1つ目はルーヴルドーの復元ドライヤー。育成光線とマイナス電子を放出する鉱石が練り込んであり、血流を一気に高めてくれます。キューティクルを引き締めてくれることで手触りが驚くほど変わり、サラサラでまとまりのある仕上がりにすることができます。

2つ目が、パナソニックのドライヤー、ナノケア。マイナスイオンの1000倍の水分量を持つ「ナノイー」が髪に浸透し、艶やかな強い髪へと導いてくれます。

3つ目はダイソンのドライヤー、スーパーソニックです。とにかく風量が強く、乾くのが速いので、時間効率がとてもよいです。

上から、復元ドライヤー（LOUVREDO）、ナノケア（Panasonic）、スーパーソニック（dyson）。

よくある悩み❶ ≫ パサつき

どうしてもパサつくときはオイルパックで保湿

トリートメントをしっとりタイプにしても、シャンプー後にドライヤーでブローしても、なんだか髪がパサつく……。

そんなときは、オイルパックでしっかりと保湿することをおすすめします。2、3回続けると、まとまりがよくなってきて、パサつきも改善してきます。

オイルのつけ方のポイントとしては、とにかくたっぷりつけること。びしょびしょになるぐらいつけても、まったく問題ありません。

髪の内側まで浸透させるイメージで、毛穴のほうからたっぷりつけて、15分以上おいたら、シャンプーできれいに洗い流します。

市販のオイル容器のまま使っても、もちろんよいのですが、100円ショップなどに売っているドレッシング入れのような容器を使うと、より使いやすくておすすめです。

オイルにも種類があって、どの商品も一度使ってみないと効果はわからないもの。まずは、自分に合いそうなものを、いくつか試してみるとよいでしょう。

左から順に。
大島椿（大島椿）：天然椿油100％の髪、頭皮、肌のケアを叶える植物性マルチオイル。
セルメイドヘアエッセンス（コーワテクノサーチ）：髪の内部にあるCMC（脂質、細胞膜複合体）に潤いを届けるタイプのエッセンス。ヘアカラーの退色防止や紫外線対策にも効果的。
アロマモイストヘアオイル（アルジェラン）：厳選した精油のみで調香した華やかで甘い香りのオーガニックアロマモイストヘアオイル。

How to

1

頭皮からなじませて

シャンプー前の乾いた頭皮にオイルをなじませます。髪をかき分けて頭皮を出したら、まずは頭皮全体にオイルを塗り、髪にも浸透させていきます。

2

毛先まで丁寧に塗る

片方の手で髪を支えながら、毛先までたっぷりオイルを塗ります。手で揉み込んで一定時間おいたら洗い流します。ヘアオイルの油膜で髪をコーティングすることで、外から水分が余計に入るのを防いでくれます。

よくある悩み❷ ≫ ボリュームダウン

大人の女性につきものの「ハリやコシがなくなった」「髪の立ち上がりがつぶれるようになった」「生えぎわ、つむじなどが目立ってきた」などのお悩み。

年齢を重ねるたびに気になるのが、この髪のボリュームダウンです。

その原因の1つに、「髪そのものが細くなる」という変化があります。

「ヘアサイクル」という言葉を耳にしたことはありますか？

髪は「グングンと伸びる成長期」→「髪が伸びにくくなる退行期」→「細胞分裂が止まり抜けていく脱毛期」という3つのサイクルをくり返しています。

この成長期に、十分に成長できないと、髪は細くなります。

頭皮の血行が悪くなってかたくなると、髪をつくる土壌となる毛根に栄養が十分に行き渡りません。その結果、髪が健康に育たなくなって細くなるのです。

髪の1本1本が細くなると、同じ本数でも髪全体のボリュームが目に見えて少なくなります。さらに抜け毛が多くなると、全体的にボリュームダウンして見えます。

頭皮の血行をよくし、髪全体に十分な栄養を送るためには、頭皮ケアが不可欠です。

一度生えた毛は太くすることができませんが、頭皮を清潔に保ち、マッサージによる頭皮刺激で血流をアップさせることで、これから生えてくる髪は太くなります。

つまり、徐々に根元が太くなっていくのです。

髪がボリュームダウンするもう1つの原因として考えられるのは、ホルモンバランスの変化です。

ご存知ない方も多いのですが、実は女性の体の中には、男性ホルモンと女性ホルモンの両方が分泌されています。

30代後半ぐらいから、健康な髪を保つために必要な「エストロゲン」という女性ホルモンの分泌量が急激に減少していくのですが、それに伴い、男性ホルモンの占める割合が高くなっていきます。

そして、男性ホルモン中に含まれる、髪の成長を妨げる「テストステロン」という物質が活性化することで、抜け毛が増えたり薄毛の症状が見られるようになるのです。

でも大丈夫。不足した女性ホルモンは、リラックスできる時間を増やして分泌を促したり、大豆などの食材から取り入れることもできます。

詳しくはパート6で解説しますが、「自分の手」と「ちょっとの努力」があれば、髪のボリュームは回復できます。諦めずにコツコツケアを続けていきましょう。

よくある悩み❷ ≫ ボリュームダウン

ブラッシングで「ふんわりヘア」はつくれる

まずは、ブラシでボリュームアップする方法をご紹介します。

ブラッシングのコツさえ押さえれば、ふんわり動きのあるボリュームヘアに仕上がります。

ボリュームをつくるのは「朝」。

朝のセット時は、ブラシとドライヤーを使って、毛穴を立ち上げるようにして、下から上に髪をとかしていきます。

とにかく空気を含ませることがポイントです。

後ろ側は難しく感じるかもしれませんが、下を向いてブラッシングすることで、ふわっと立ち上げることができます。

次に、いつもの分け目と反対側へブラッシングしていきます。

その後、下を向いて後頭部を立ち上げていきます。

襟足から頭頂部に向かって大きくブラッシングすると、トップとサイドに膨らみが生まれます。

How to

1

ブラシとドライヤーで
下から上にブロー

ドライヤーを使って毛穴を立ち上げるようにブロー。できる限り空気を含ませる。後ろ側はカーラーを使ったり、下を向いてブラッシングすると◎。

2

分け目と逆に乾かす

いつも同じ分け目だと、毛穴の立ち上がりに癖がついている状態。いつもとは違う側からブラシを入れることで、簡単にボリュームアップできる。

3

下から後頭部へ。
毛穴を立ち上げる

襟足から後頭部へかきあげるようにブラッシング。空気が髪の隙間に入り、やわらかいボリュームが出る。

4

髪の表面を軽く整える

最後に、逆立てた毛を上から下へとかして落ち着かせたら完了。

よくある悩み❷ ≫ ボリュームダウン

カーラー&スタイリング剤でペタンコは解決

トップ部分にボリュームを出すためにスタイリング剤を使っている方が多いのですが、スタイリング剤の効果をより一層高めてくれるのが、カーラーです。

頭頂部を根元からふんわりと立ち上げるには、カーラーをサッと巻いてトップに自然なボリュームをつくるといいでしょう。

ボリュームがすぐになくなってしまう場合は、はじめに髪を温めてからカーラーを巻いてみてください。少し温まった状態の髪のほうが癖が付きやすいです。

カーラーは髪の毛に負荷がかかりにくく、巻き付けるだけでいいのでラクチン。直角に真上に巻くと、根元が立ち上がりやすくなります。

ショートヘアやボブの場合は、細めのカーラーがおすすめです。ナチュラルな動きが出せて、毛先を遊ばせることができます。

ロングの場合は長さがあるので、細めよりも太めのカーラーを使うといいでしょう。

カーラーで巻いただけでは、髪の重さでカールがペタンとしてしまうので、巻いた後、根元にスタイリング剤をつけると、ボリュームをキープできます。

How to

1

ドライヤーで温める

カーラーの癖を付けやすくするために、ドライヤーで髪を事前に温める。

2

カーラーで巻いて根元を立ち上げる

髪を温めたら、カーラーを使って髪を立ち上げていく。きつく巻きすぎたり、カーラーを何個か使うときは、巻き方にばらつきが出ないように注意。

3

パウダーワックスを振りかける

パウダーワックスやファイバー系のワックスを付ける。これでボリュームを長時間キープできる。

4

手で髪を立ち上げる

クシャッと軽く髪を立ち上げて、セット完了。ふわっとしたナチュラルな仕上がりに。

よくある悩み❷ ≫ ボリュームダウン

ボリューム出しにはカールドライヤーがおすすめ

ふんわりとした自然なカールよりも、しっかりとボリュームを出したいときは、「カールドライヤー」や「ブラシ型ヘアアイロン」で温めながら、カールをつくることをおすすめします。

カールドライヤーやブラシ型ヘアアイロンは、ロールブラシで髪をとかすように動かすだけで、しっかりとボリュームを付けることができます。

本体の表面が熱くなり過ぎないので、手が触れても安全で、簡単にカールが完成。しっかり根元のボリュームをキープしたいのであれば、根元の立ち上がりをサポートするスタイリング剤を仕込む方法もあります。

88ページで詳しく紹介していますが、スタイリング剤にはパウダーワックスがおすすめ。朝仕込んでおくと、夕方近くになってペタンコになった髪も、手でワシャワシャと根元に空気を送り込むと、何度でも根元から髪が立ち上がってきます。

気付いたときにボリュームをリカバリーするだけで、顔周りの髪に動きが出て、見た目印象に差が出ます。

How to

1

[トップ]

顔周りは、毛の根元にボリュームを付けましょう。根元が立ち上がっていると、活動的で若々しい雰囲気になります。つくりたいスタイルに合わせて、外巻きにしたり、内巻きにしたりしてみましょう。

2

[サイド]

ボリュームを付けたい部分で2〜3秒キープして、カールの具合を見てみましょう。設定温度やメーカーによって、カールの仕上がりに違いがあるので、はじめは短い時間でカール度合いを確認しながら、カールを付けていきましょう。

よくある悩み❷ ≫ ボリュームダウン

パウダーワックスを使えば夕方までふんわり

髪のボリュームをアップしたいときは、パウダーワックスがおすすめです。とても軽量で、髪の根元に少量付けるだけでキュッとコーティングされた感じで立ち上がります。パウダー（粉）なので、水分を含みません。余分な水分を吸着しないので、夕方になってもペタンとなりにくく、ずっと立ち上がっていてくれます。汗のにおいや皮脂のベタつきも吸着してくれます。

ボリュームがなくなってきたと感じたら、その都度、手で根元の立ち上がりを部分的に調整できるのもいいところ。根元にピンポイントで使えるところも便利。とくに髪の長さは問わず、ボリュームを出したいときに、どの部分に付けてもＯＫです。

一方、ハードに固まるスプレータイプは、シュー ッと一吹きするだけで、髪全体を固めてセットすることができます。手も汚れず、髪の表面に広い範囲で使えて、一気に均等に出るので簡単。

ただし、一度スプレーすると固まってしまうタイプは、万が一のときに直せないことがマイナスポイント。スプレータイプは水分が多いので重さがあり、軽やかさが出

左から、順に。
ステージワークス パウダーボリュームエアー（資生堂プロフェッショナル）：軽くてベタつかないパウダーinスプレー。ドライな質感とボリュームアップを叶えてくれる。
モアインサイド ニノ（ダヴィネス／コンフォートジャパン）：パウダーへアワックス。根元も毛先もボリューム感アップ。こなれヘアをつくってくれる。
オージス ダストイット（シュワルツコフ）：パウダーへアワックス。ワックスを付けていないような軽い質感が特徴。ガッツリと根元を立ち上げて、ボリュームと無造作感を長時間持続。

にくいのと、水分がくっつきやすく、夕方頃にはペタンとなってしまいがち。皮脂も吸着しやすく、全体的に重たいイメージになることも。
スプレーの中にパウダーが入った軽いものも出ていますので、よろしければお試しを。
朝セットして出ても、夕方には髪がペチャンとしてしまったり、髪型が崩れてしまうという方は、パウダーワックスやパウダー入りスプレーをぜひ使ってみてください。

How to

［付け方のポイント］

トップの辺りにボリュームを出したいときは、手のひらにとり、指先で髪の根元へ。空気を含ませながらクシャッとすると、自然なボリュームが出せます。根元に直接トントンと振りかけて揉み込んでもOK。

よくある悩み❸ 白髪

最近は仕事も育児もプライベートも頑張り過ぎてしまったり、とにかく多忙な女性が多く、30代でも白髪に悩む女性は少なくありません。

とはいっても、30代後半であれば、白髪があっても、まだちらほらといった程度かもしれませんね。はじめて自分の頭に白髪を発見し、どのように白髪を隠そう、どんな白髪染めを使えばいいんだろうと、戸惑っている方が多いのではないでしょうか。

一部染めるだけのために毎回サロンに行くのもめんどうだし、お金も惜しい……。ということで、自分で根元をヘアカラーしているという方もいらっしゃるかもしれませんね。

後で紹介しますが、まだそんなに白髪が目立っていない方には、ちょっと気になる部分だけ部分的にワンデーリタッチできるマスカラなどがおすすめです。

ほかにも、ブラッシングで髪にツヤを出すことで白髪を目立たなくしたり、いつもと分け目を変えることでも白髪を隠すことができます。

白髪の原因は、遺伝がすべてではありません。紫外線やストレス、皮脂汚れ、食品添加物、摩擦などが大きな影響を与えています。

髪の根元には、髪を生みだす毛母細胞という部分があります。

ここでメラニンという黒い色素がつくられて、髪が黒くなります。メラニン色素がつくられなくなると、白髪になります。

しかし、白髪になったからといって、メラニンをつくる仕組みそのものが死んでしまったわけではありません。すでに生えている白髪を黒く変えることはできませんが、メラニンをつくる部分を活性化させると、新たに生まれてくる髪が黒くなってきます。

活性化させるために必要なのは、栄養です。

白髪は染めるものと思っている人も多いかと思いますが、実は、食事によって体の内側からケアをしたり、頭皮用美容液で毛根に直接栄養を届ける方法もあります。

「白髪は治ります」というと、みなさん驚かれますが、70代の方でも白髪が減って、黒い髪のほうが増えたという実例もあります。

もちろん白髪を1本残らずなくすというのは不可能ですが、「その年代で、最も若々しい髪」にすることは夢ではありません。

正しい知識とケアがあれば、60歳でも白髪が目立たない状態へ導くことは十分可能なのです。

よくある悩み❸ ≫ 白髪

はじめての白髪染めポイント

市販の白髪染めには、種類がいろいろあって迷いますよね。違いがよくわからないという方も多いのではないでしょうか。

30代後半というと、まだそんなに白髪が目立っていない年代。たいがいは、「部分」染めで十分です。全体を染めてしまうと髪へのダメージが大きいので、まだ白髪が少ないのであれば、髪へのダメージが一番少ないものから始めてみるといいでしょう。

髪への負担が一番小さいのは、一時的に塗るマスカラやファンデーションタイプ。部分的に塗るだけなので初心者でも簡単に取り入れることができ、洗って落とせます。

ほかにダメージが少ないものとしては、ヘアトリートメントがあります。シャンプー後、水気を切った髪に付けてから洗い流します。何日間かかけて自然に白髪の色をぼかしていくタイプです。

ヘアマニキュアも髪にはやさしいですが、これは髪の上に色を少し足すだけなので、ある一定期間を過ぎると色がはがれて落ちてきます。

ヘアカラーは一度髪の色を抜いてから新しく色を入れるので、色落ちせず永久に染まりますが、この中では一番髪への負担が大きいです。カラー後は、カラーケアシャンプーなどでケアすると色持ちもよくなります。

市販の白髪染めを使うときに、守ってもらいたいことがあります。それは「使用時間」と「使用量」です。時間内に終わらせないと肌荒れの原因にもなりますので、適切な時間と量は守ってくださいね。状況に合わせて、使う白髪染めを徐々に変えていくとよいでしょう。

左から順に。

大島椿ヘアカラートリートメント（大島椿）：使うほどに徐々に染まり、成分の椿油が、髪に潤いとツヤを与えてくれる。

リライズ（花王）：「黒髪メラニンのもと」だけで染める白髪ケア。くり返し使っても髪を傷めず、使うたびに白髪に黒髪が持つ自然な黒さを補う。シャンプー後5分放置して流すだけ。お風呂で簡単に染められる。

uruotte リタッチヘアマスカラ（クィーン）：自然にインスピレーションを得た色、香りで、白髪をいろどる1dayヘアマスカラ。

アロマエステ ヘアソープ16、ヘアマスク16（ラ・カスタ）：カラーで傷んだ髪の補修・保護に最適。植物の力で髪の美しさを最大限に引き出してくれる。

よくある悩み❸ 白髪

「頭皮ケア」で黒髪は再び手に入る！

今までに頭皮ケアのアドバイスをさせていただいた人たちの中には、見違えるほど若くなられた方が何人もいらっしゃいます。

たとえば、80歳の方で、白髪が黒くなってきて、髪にツヤが出てきたら、途端に70代前半ぐらいに見えるようになった方がいらっしゃいました。きちんと正しくシャンプーをして栄養を与えてあげるだけで、みるみる変化が見られたのです。

大体の人たちがケアを続けていくうちに、生えぎわ辺りの根元や前髪の辺りが黒くなってきます。白髪が黒髪になったら、うれしいですよね。

前にお話しした通り、黒い髪にはメラニンという色素が含まれているのですが、このメラニンがつくられなくなると、白髪になります。

左は、頭皮ケアを行う前と、行った後の写真です。上が頭皮の状態、下が毛穴の状態。頭皮の状態を見る機会なんて普段ないでしょうから、驚かれる方も多いでしょう。

健康的な頭皮には透明感があって、毛根の下まで透けて見えます。毛穴の周りはキュッと引き締まっていて、1つの毛穴からは通常2～3本の毛が生えています。

老化による頭皮の変化

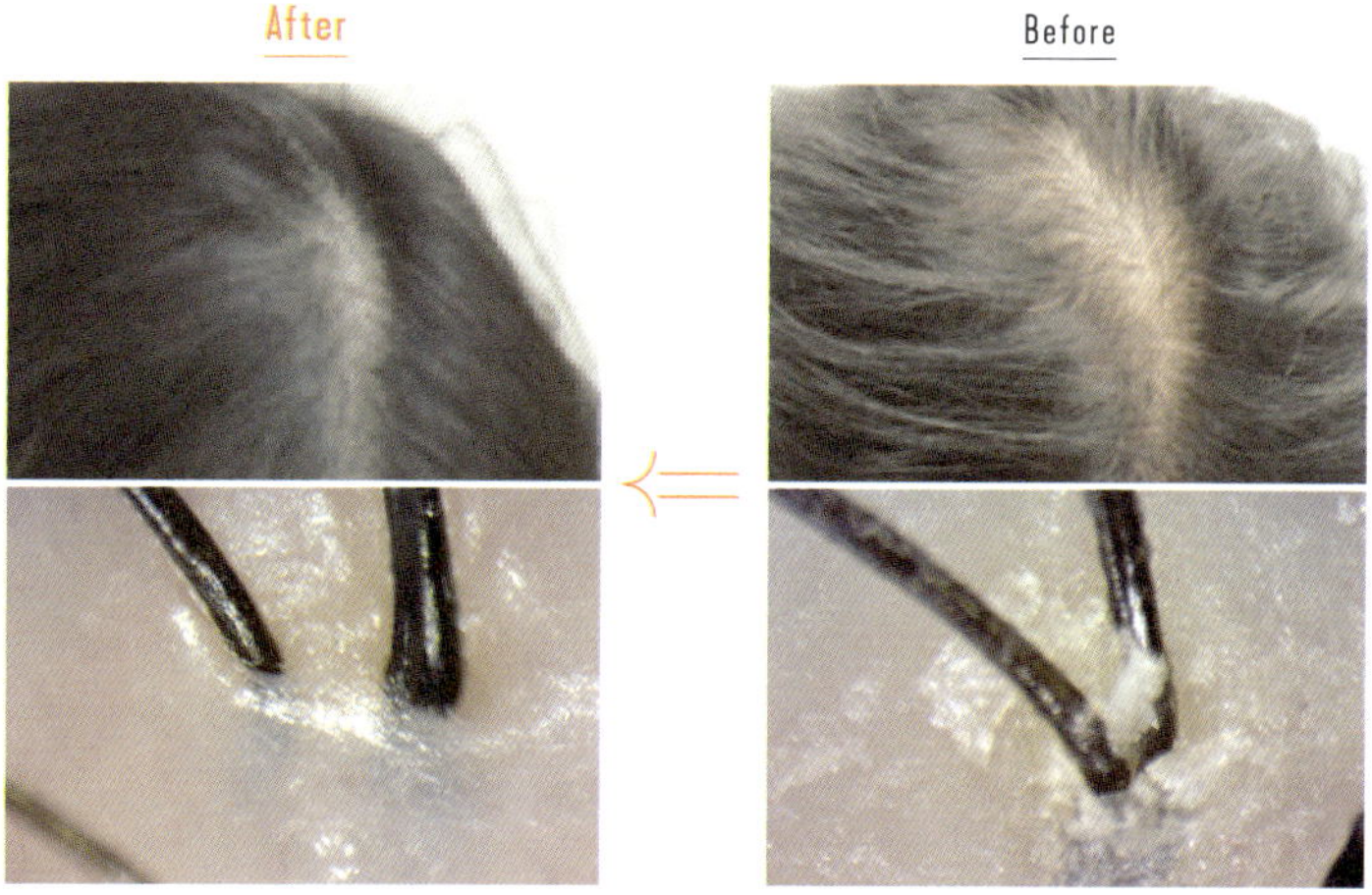

70代女性の頭皮画像、下がスコープ画像。頭皮ケアをして1～2カ月ほどで地肌がきれいになる。

それがストレスや生活習慣、加齢などの影響で、毛穴の周りに脂や角質が溜まると、地肌が白っぽくなっていきます。毛穴が詰まって見えなくなっていたり、カラー剤が付着して毛穴が小さくなっていることもあります。

地肌が黄色くなったり、赤くなっていることもあります。黄色くなっているのは酸化している証拠です。紫外線を過度に浴びたり、食べ物などが原因で酸化は進行します。頭皮が炎症を起こしている場合、赤くなることもあります。

でも、心配はいりません。頭皮マッサージや正しいシャンプーのやり方で、脂や角栓が取り除かれ、毛穴も大きくなります。そして、そこから新しく太い毛が生えてきます。

再び黒髪は取り戻せます。これから生えてくる髪は今からいくらでも改善していけるのです。

よくある悩み❹ ≫ うねり

いくつになってもツヤがあってサラサラな髪はみんなの憧れ。

髪がうねるとツヤを失い、髪もごわつきやすくボサボサに見えてきます。

では、髪はなぜうねるのでしょうか？

そもそも髪がうねる原因は2つあります。

1つは髪のダメージが引き起こすもの。

そしてもう1つは、頭皮のたるみが原因で引き起こすもの。

どちらも髪がうねることに変わりはありませんが、原因が違いますのでケア方法は異なります。

ダメージによる髪のうねりには、髪の保湿ケアが効果的です。雨の日に髪がうねったり、朝きれいにスタイリングしたにもかかわらず、時間とともに髪がうねってくるなんていう人は、髪のダメージが原因です。

髪がダメージを受けると、ダメージホールと呼ばれる穴が髪の内部にできてしまいます。そしてこの穴に水分が入り込むと、髪にうねりが生じるのです。

髪は過剰に水分を引き入れてしまうと、うねるという特徴があります。

水分は外気から取り込まれるため、湿度の高い日や雨の日は要注意。水分を髪に入り込ませないために、保湿力の高いトリートメントを日々のケアに取り入れてみてください。トリートメントを髪内部までしっかりと浸透させ、ダメージホールを埋めつくすことで、余分な水分が入り込む隙間を埋めることができます。

髪のうねりのもう1つの原因が、頭皮のたるみ。

頭皮がたるむと毛穴の形も歪みます。髪の形状は毛穴の形状で決まります。髪がつくられる毛母細胞は頭皮の奥にあるのですが、髪が成長する過程で、歪んだ毛穴を通ることで髪が湾曲して成形され、髪のうねりを引き起こしてしまうのです。

頭皮のたるみに効果的なケアは、頭皮の保湿と栄養補給です。頭皮ケアというと、ブラッシングや頭皮マッサージ、スキンケアなどの方法がありますが、一番効率よく効果を期待できるのがスキンケアです。

加齢により髪のうねりが気になり始めたら、頭皮専用のエッセンスや育毛剤といったアイテムで、頭皮の保湿と栄養補給を行ってみてください。

最近はたくさんの頭皮ケアアイテムが化粧品ブランドから発売されているので、顔に化粧水や美容液を使用する感覚で、ぜひ日々のケアに取り入れてみましょう。

よくある悩み❹ ≫ うねり

うねった髪をまとめるコツ

髪のうねりを抑えるためには、夜寝る前にしっかりブローすることが大切です。

「そんな当たり前のことで抑えられるの？」と思った方もいるかもしれませんが、夜寝る前のひと手間で、朝の髪の広がりは驚くほど変わります。

美容室できれいにセットした日の翌日は、寝癖があまりつかないという経験をされた方も多いのではないでしょうか。

それは正しくブローができているから。

洗濯物を干すときと同じです。

シワシワの状態で洗濯物を干すと、シワシワのまま乾き、後からアイロンをかけてもきれいにシワが取れません。

しかし洗濯物がまだ濡れているときに、しっかりとシワを伸ばしてから干すと、あまりシワができません。

髪の毛も衣類と同じで、どのように乾かすのかが大切なのです。

How to

1

**夜寝る前に
ブローを欠かさない**

シャンプー後、まだ少し濡れた状態のときにブローをすると、翌朝、寝癖が付きにくくなったり、髪型が崩れにくくなり、時短にもつながる。

2

**指サンドで
即席髪直し**

急いで髪を整えたいとき、ブラシもコームも持っていないときの緊急措置。指で髪を挟んで伸ばし、キューティクルを一定に整える。

よくある悩み④≫うねり

広がる髪にはパーマをかけてしまうのも手

人は、自分にないものがよく見えるもの。

髪のうねりや広がり、クセに悩む方にとって、サラサラしたストレートヘアは憧れなのではないでしょうか。

とはいえ、うねりやクセのある髪質の人がストレートヘアになるためには、元々の髪質が違うので、縮毛矯正やストレートパーマをかけるしか方法がありません。

縮毛矯正をしていただいてもいいのですが、お金もかかりますし、あまりやり過ぎると髪が傷んでしまって大変です。

うねることも広がることも、それが抜け感になるので、うねりや広がりを生かしたヘアスタイルにしたほうが、無理がなく魅力的です。広がる髪だったら、その広がりが顔周りの動きとなり、活動的な印象につながります。

もし、うねりが気になるのであれば、パーマでデザインを付けてみてはいかがでしょうか。

パーマをかけることで、広がってもおかしくない、むしろ動きがある、すてきなへ

パーマでヘアスタイルにデザインが付くと、1つ結びもかっこよくキマる。

アスタイルを楽しめると思います。

広がった髪はボリュームを抑えたほうがいいと思われているかもしれませんが、中途半端なうねりを気にして無理にまっすぐなストレートにするよりも、広がりを楽しんでみてください。自分の髪のクセも生かせますし、若々しさも増します。

広がらせるところと、スッキリ見せるところにメリハリを付けた髪型にすると、立体感のあるヘアスタイルになります。

広がりやすい髪だからこそ、動きを出せたり、丸みのあるスタイルにできたりと、アレンジ方法もたくさんあります。

美容師さんに話したら、アドバイスがもらえると思います。

よく相談してみてください。

Part 5

失敗しない！
不器用でもマネできる
ヘアアレンジ

髪の長さ別、おしゃれに見せるポイント

パート3では、正面から見たときの「菱形」フォルムについてお話ししましたが、パート5では横から見たときの髪型のバランスについてお話しします。

自分の横顔や後ろ姿を、気にしたことはありますか？

つい正面ばかりを気にして、横や後ろは後回しにしがちなのではないでしょうか。でも、人は前からよりも横や後ろから見られていることが多いので、横のシルエットにも意識を持つことが大切なのです。

ボリュームをどの位置に持ってくるのかによっても印象は変わってきますが、横を向いたとき、後頭部にふくらみをもたせると、バランスのとれたシルエットにまとまります。

ボリュームの山が低い位置だと、落ち着いたやわらかい雰囲気に。中間位置は、上品で品のある感じに。高い位置だと、若々しい印象になります。

横顔をチェックするときは、合わせ鏡が便利です。ロングもボブもショートも、髪の長さを問わず、「横のバランス」を意識してみましょう。

ボリュームを出す部分と横顔の印象

[低い位置]

プラス面：やさしい、誠実、落ち着き、やわらかい。
マイナス面：おとなしい、落ち着きすぎる。
おすすめのシーン：リラックスタイムに、気さくな友達とのランチに、散歩や散策のときに。

[中間の位置]

プラス面：女性らしい、品がある、洗練された、知的に見える。
マイナス面：平凡、個性がない。
おすすめのシーン：（どんなシーンでも活用可能）結婚式に、母親として学校行事に、ママ友とのお出かけに、親族の集まりに。

[高い位置]

プラス面：快活、さっぱり、健康的、若々しい。
マイナス面：軽はずみな感じ、しとやかさがない。
おすすめのシーン：運動するときに、休日に、カジュアルな服装のときに、小さいお子さんと遊ぶときに、お買い物のときに。

髪を束ねる位置で印象は全く変わる

髪が長い場合、束ねる位置を変えるだけで、横顔の印象はだいぶ変わります。

個人差はありますが、大まかな目安をご提案します。

耳の中央を目安にして、そこよりも下側に結び目やボリュームがあると、「低い位置」とします。この位置で髪を束ねると、リラックスした落ち着いた雰囲気に仕上がります。

耳の中央とこめかみあたりを目安にして、その間を「中間の位置」とします。品があり、一番シンプルで嫌みがないので、いろんな場面で使えます。

こめかみあたりを目安にして、そこよりも上側に結び目やボリュームがあると、「高い位置」とします。元気な印象に仕上がるので、体を動かすときにおすすめ。よほど結び目が高過ぎて頑張り過ぎ感がしない限りは、若すぎる?といった心配はありません。お子さんと遊ぶときには髪も邪魔にならず、快活な印象になるのでおすすめです。

低い位置と中間の位置で束ねる場合は、頭頂部から結び目の上にかけて、髪を少し引き出してふくらみを出すと、頭のシルエットがよりきれいに見えます。

髪を束ねる位置と横顔の印象

[低い位置]

プラス面：やさしい、誠実、落ち着き、やわらかい。
与える印象：大人っぽさを演出。しとやかな印象にしたいとき。やさしい雰囲気に見える。

[中間の位置]

プラス面：女性らしい、品がある、洗練された、知的に見える。
与える印象：上品さを演出。聡明な印象にしたいとき。女らしく、しとやかな雰囲気に見える。

[高い位置]

プラス面：快活、さっぱり、健康的、若々しい。
与える印象：キュートさを演出。明るい印象にしたいとき。健康的な雰囲気に見える。

SラインとCラインで抜け感を演出

ヘアスタイルのどこかに「抜け感」があったほうが、軽やか感があってきれいです。髪全体がストンと下りた状態だと、重たくなって、やぼったく見えてしまいがち。

ファッションにおいても、足首をちょっと出したり、袖をまくって手首を出すなどして抜け感を出すことがありますが、髪型でも同じように少し抜いてあげましょう。

実は、抜け感のある髪型は、時間がたっても重くなり過ぎず、長持ちします。それこそ毎月、美容室に行かなくてもきれいな状態が保てるので、忙しい子育て世代にはおすすめです。

髪型でいう抜け感とは、横を向いたときにできるS字やC字の湾曲のこと。

ミディアムヘアだったら、後頭部をふっくらさせて、毛先を襟足から外側にカールさせると、S字ができて抜け感がつくれます。

ショートヘアだったら、長い襟足をさっぱり切って後頭部のふんわり感を強調すると、C字ができて抜け感がつくれます。

切るところは切ってあげたほうが、かえってボリュームがきれいに出てバランスよ

SラインとCライン

After

[Sライン]

Sラインは2つの丸みラインがあるため、髪の動きも2倍になり、活発な雰囲気になります。

[Cライン]

Cラインは1つの大きな丸みなので、おだやかな髪の動きとなり、上品さや、やさしい印象につながります。

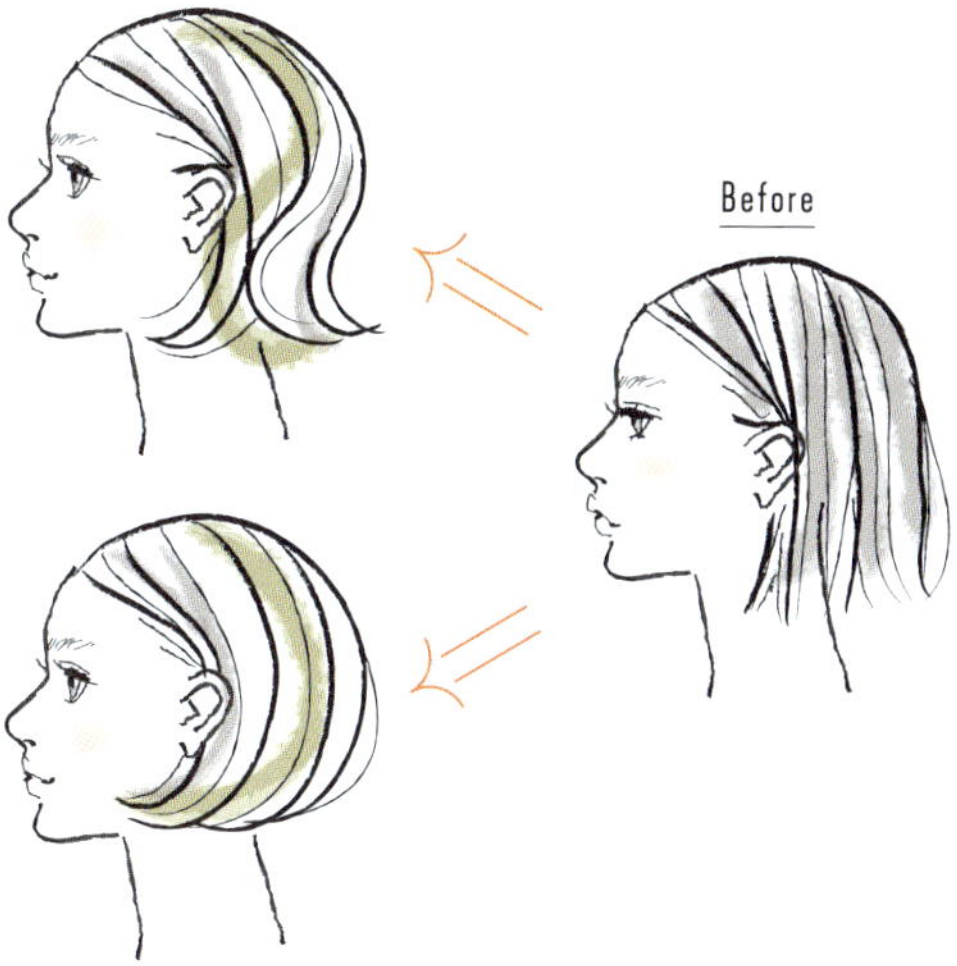

くまとまります。

髪を下ろしたダウンスタイルのときは、後頭部にボリュームを出して、横顔にS字やC字のラインをつくるよう意識してみましょう。

後頭部にボリュームを出すと、髪型全体のバランスがよくなるだけでなく、全身のスタイルもよく見えます。

前項で、束ねた髪の場合は、後頭部の髪を少し引き出してボリュームを出すとお話ししましたが、ダウンスタイルの状態では、なかなかボリュームが出せないこともあります。

そんなときは、後頭部の髪をヘアドライヤーやホットカーラーを使って巻いて、根元を立ち上げてから下ろす方法がおすすめです。

詳しい方法は、パート4で紹介していますので、参考にしてみてください。

前髪をアレンジするだけで大変身！

前髪は、印象を左右する重要なパーツ。前髪と言っても、種類はいろいろあります。たとえば顔の中央にまっすぐ分け目のあるセンターパーツは、顔立ちの左右非対称さが目立ってしまうハードルの高い髪型です。髪という額縁の中に顔がすっぽりはまったような感じになり、顔のアンバランスな部分が際立って見えるからです。

似合いやすくするには、多少、横に分け目をずらすといいでしょう。

顔全体が出たオールバックは、センター分けに比べると、顔のサイドにある髪のラインが目立たないので、さほど顔立ちを選びません。

前髪を下ろしたスタイルの場合、髪の量によっても印象が異なります。

厚めの前髪というのは、前髪の下から肌が透けて見えない状態のこと。少し肌色が見えるくらいは軽めになります。いずれもフェイスラインをなるべく多めに出してあげたほうが、顔立ちがスッキリして明るい印象になります。

短い前髪の人は、ちょっと個性的な印象になりますが、おでこがきれいに見えたり、眉が見えることにより表情が豊かに見えます。

いろいろな前髪と与える印象

[軽めの前髪]

ナチュラル、カジュアル。
リラックスした雰囲気。

[厚めの前髪]

かわいい、愛らしい。
ロマンティックな雰囲気。

[短い前髪]

快活、さわやか。
元気で活発な雰囲気。

[センターパーツ]

クール、凛とした。
強い意志のある雰囲気。

[オールバック]

知的、聡明。
説得力のある雰囲気。

[9：1分け]

ミステリアス、女性的。
個性的な雰囲気。

左右の分け目で印象は変わる

分け目を右にするか左にするかでも、与える印象は異なります。

その日の自分の立場やシーンに合わせて、分け目を左分けにするか、右分けにするかを考えてみるといいでしょう。

顔の左側には「本音」が出やすく、右側は「建前」を表すと言われています。

分け目がセンター過ぎると、髪が額縁のようになって、顔のアンバランスな部分が強調されて見えます。

そんなときは、分け目をジグザグにして髪に動きを出してみるといいでしょう。顔のアンバランスな部分を、分け目の部分でふわっとごまかせます。

顔立ちを問わず、おおむね似合うのは、7：3ぐらいの分け方です。上品さもありながらやわらかさもある印象に仕上がります。

顔のアンバランスさも気になりません。

1：9までいくと、ちょっとクール過ぎる印象に。

なりたい印象にあわせて、分け目を変えてみるのも楽しいですよ。

左分けと右分け。印象の違い

［前髪を左側から分けた場合］

顔の左側には「本音」が表れる。本音でやり取りし、的確に動くキャリアウーマン的な印象。「リーダーを務めるとき」や「知的でしっかり」した印象に見せたいときにおすすめ。

［前髪を右側から分けた場合］

顔の右側は「建前」の表情が表れる。左側に表れる本音をヴェールでふんわりと隠すため、やわらかい雰囲気を出せる。「女性らしくやさしく見せたいとき」や「サポートするとき」におすすめです。

フェイスラインは出したほうが美しく見える

気になるエラや頬の丸み、顔の大きさ……。

顔の面積が小さくなるように、ついフェイスラインを髪で隠そうと思いがちですが、実はそれは間違いです。38歳からは、フェイスラインを出したほうが美しく見えます。知的さや、凛とした大人の美しさが伝わります。

横から見てもスッキリしたフェイスラインに仕上げられるのが、髪を耳にかけるアレンジ。耳が見える・見えないでは、次ページの図のように印象が大きく変わります。

ショートやボブの場合、前髪の厚さや流し方と、ふわふわした毛先の動きや、ボリュームを出すことで、顔の輪郭をうまくカモフラージュできます。

図の中央、片耳を出した「重め×軽め」のアシンメトリーアレンジだったら、フェイスラインが見えていても気になりません。アクセサリーをつけたときの存在感もアップします。

重くなりがちなボブスタイルも、耳を出すことで軽い印象にすることができます。

無理のない範囲で、アレンジしてみてください。

サイドのアレンジ

[耳を隠す]

クール、シャープ、ミステリアス。
輪郭などフェイスラインを強調したくない人におすすめ。

[片耳を出す]

カジュアル、明るさ、若々しさ、気品。
アクセサリーが映える。

[両耳をすっきりと出す]

知的、清潔感、凛とした、大人な。
フェイスラインや首筋がスッキリ見える。

女性の印象や立ち位置を決めるのは「後頭部」

欧米では出世も信頼感も「後頭部」次第。

日本のような「若くて幼い女の子がかわいい」という風潮が一切なく、そもそも後頭部は「盛る」以外の選択肢がありません。

日本人は髪をなでつけて押さえつけがちですが、欧米は押さえるよりもボリュームアップさせる文化。髪をかきあげてエアリーに盛る傾向が強いです。

ホテルや家に、横顔や後頭部をチェックするための三面鏡があるのも欧米の特徴。正面だけを気にする日本人とは対照的です。

日本人は欧米人に比べて後頭部に奥行きがなく、扁平な人がほとんど。そのため、欧米人のようにかきあげるだけでボリュームは出せないかもしれません。

でも、セット時にドライヤーをあてたり、カーラーを数分巻くだけで、簡単に盛ることはできます。盛ると特別感が出て、知的に見え、価値の高い女性に見られます。

女性の印象と立ち位置を決めるのは、後頭部なのです。

軽やかさを演出！抜け感のあるヘアスタイルのつくり方

短時間で簡単にすてきなヘアスタイルにアレンジができたら、うれしいですよね？

ここからは不器用でも無理なくできる、抜け感のあるアレンジ法をご紹介します。

髪型に抜け感があったほうがいい理由は、印象的に軽やかさが出るから。

先述した通り、正面には顔があるので表情がありますが、横や後ろには顔のパーツがないので、動きがないと、重い、かたい、暗い、といった印象になってしまいます。

ですから、髪に抜け感をつくって、軽やかで快活な雰囲気を出す必要があるのです。

年齢とともに皮膚がどんどん下に重くなっていき、顔自体が重くなってくるので、軽やかさを出すという意味でも、髪の抜け感は大切です。

抜け感をつくるときは、横のバランスに気を付けましょう。サイドや後頭部は、毛流れの方向に逆らって根元にドライヤーで温風をあて、ふんわりと仕上げます。

「いつもと違って、なんだかすてき！」と言われること、間違いなし！

さあ、さっそくヘアスタイルのつくり方を見てみましょう。

ダウンスタイル　Lev.1
ストレートを生かしたナチュラルヘア

毛の根元の立ち上がりに動きを付けて、毛先にやわらかいカールを付けるだけでエアリー感がプラスされます。

How to
ダウンスタイル
Lev.1

1

分け目を決める

分け目を左右のどちらかに決める（センターから離れた位置に分け目を決めたほうがいい）。やや深く取ると、髪の立ち上がりがよくなる。

2

分け目の反対側から勢いよく熱をあてる

分け目の反対側から、根元を立たせるように、ドライヤーで思いきりブォーッと熱をあてる。

How to
ダウンスタイル
Lev.1

3

逆方向から、
再び熱をあてる

1つ前の工程とは反対の方向から熱をあてて、根元を立たせる。

4

根元にスプレーして
立ち上げをキープ

根元の立ち上げをキープさせるため、ホールド力のあるスプレーを根元に向かって重点的にあて、軽くスプレーをしたら、毛先を整えて完成。

ダウンスタイル Lev.2
ランダムな カールスタイル

ランダムな強めのカールは、華やかさやゴージャスな雰囲気を演出することができます。

How to
ダウンスタイル
Lev.2

\1

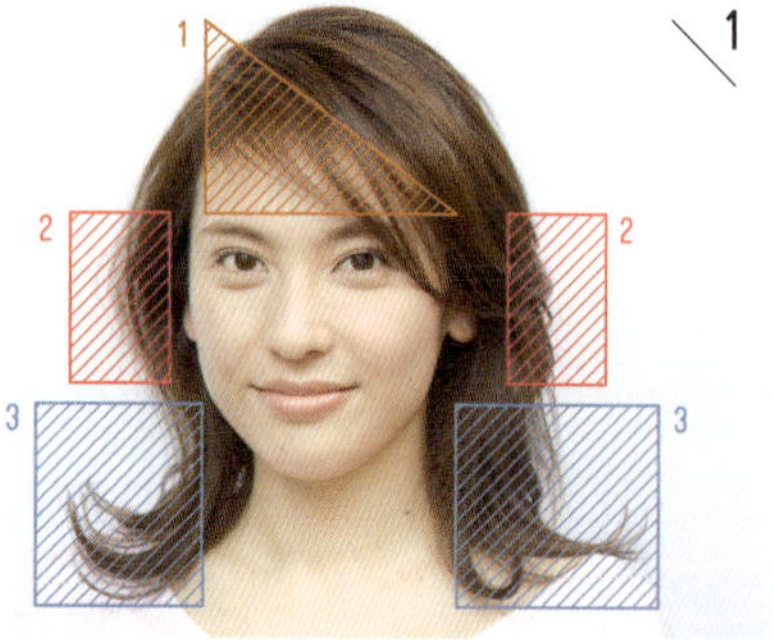

パーツを分ける

1 トップから前髪
2 中央部分（耳の横あたり）
3 毛先

\2

中央部分の髪を 後ろから ランダムに巻く

後ろ側から巻いていく。ランダムに巻いていいので、カールの大きさや方向性が、いろいろになってもいい。

\3

サイドの毛先は 上に巻く

毛先は上にはねるようにカールさせる。下から上に巻く。

4

サイドの
トップ部分を巻く

サイドの毛のトップ部分から内側（前から後ろ側）にカールさせる。

5

前髪を巻く

前髪を軽く前に巻く。自然なカールにするため、短時間で巻いていく。

6

手櫛でカールを
なじませる

毛先から全体に思い切って、手櫛でワシャワシャとほぐしてから整える。

アップスタイル　Lev.1
トップにボリュームがある ラフな1つ結び

ぴっちりまとめず、ラフに結んだシンプルなアップスタイル。トップにボリュームを出してナチュラルに。

How to

アップスタイル
Lev.1

＼1

ワックスを なじませる

手のひらに軽めのワックスをなじませて、サイドとトップになじませる。

＼2

トップの根元に 空気を入れる

ザッと手櫛でまとめて、髪を1束にまとめる。このとき、左写真のように指を立てて細かく左右に動かすと、トップの部分の根元に空気が入ってラフな仕上がりに。

How to
アップスタイル
Lev.1

3

ゴムで束ねる

トップのラフさを残しながらゴムでまとめる。

4

トップの
ボリュームを出す

トップ部分の毛流れに合わせて指先を入れ込む。指の間の毛を少し引き出す。トップ部分が一番高くなるようにするとバランスがきれい。

ゴム隠し

上手にゴムを隠す方法

1つ結びした後、見せたままにしがちなゴムですが、ゴムは隠したほうが清潔感が増し、洗練されて見えます。ここでは、ゴム周りに髪を巻き付けてゴムを隠す方法を紹介します。

髪の量が少ない人の場合、巻き付けた髪の隙間から、うっすらゴムが見えてしまうことがあります。そんなときは、細いゴムを使ったり、ホットカーラーでボリュームを出してから巻くといいでしょう。

反対に、髪の量が多い人は、毛束をうまく入れ込めないこともあります。その場合は、ゴムを1本追加して、巻き付けた毛束の少し下を縛ります。結んだ毛の両端の髪を少しずつ取って左右に引っ張ると、ゴムが引き上げられ、巻き付けた毛束の中に隠れてうまくまとまります。

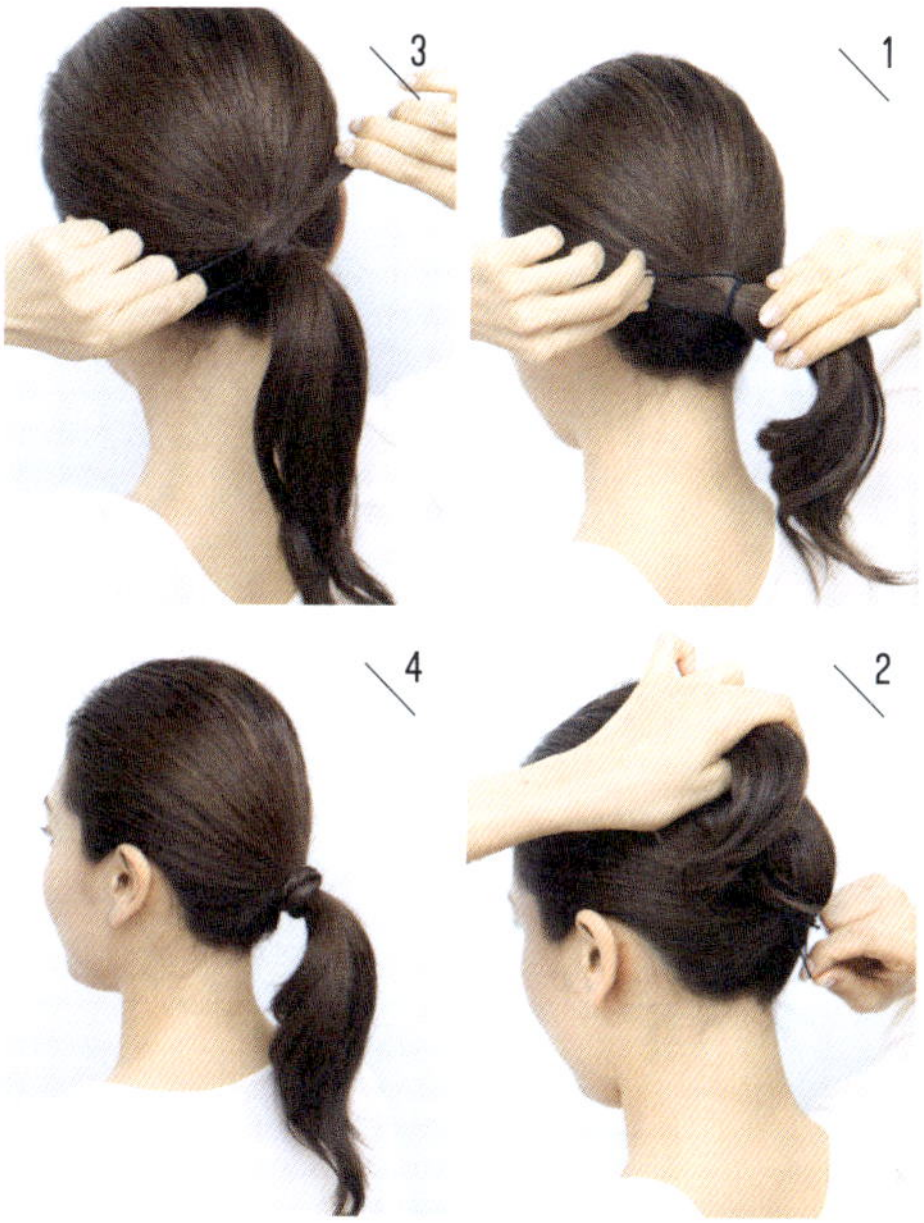

1／ 髪を縛る

普段通り、とくに気にせず、1つに結ぶ。

2／ ゴムのゆとりを残す

結んだとき、ゴムにはほんの少しのゆとりを残しておく。

3／ 結び目に毛束を巻き付ける

結び目を隠すように少しの毛束を巻き付けたら、結び目の下側のゴムを引っ張り広げる。

4／ 毛先をゴムに入れて完成

ゴム部分に巻き付けた毛先をつかみ、ゆるめないようにしてゴムの中に入れ込んで完成。

アップスタイル　Lev.2
ゴージャスな
ハーフアップスタイル

ゴージャス感たっぷりの、おでかけ
スタイル。ポイントは「くるりんぱ」。

How to
アップスタイル
Lev.2

＼1

毛先を
前側にカールする

髪を左右半分に分けて、片側ずつ前に向かってしっかりと巻く。

＼2

サイドの毛を
結ぶ

両サイドから表面の髪を薄くとって後ろで結ぶ。

「くるりんぱ」する

結んだサイドの髪の中央に毛先を入れて「くるりんぱ」をする。結び目にカールのような毛流れができる。

くるりんぱを大きくする

2で結んだ下側の髪を、片方ずつ、くるりんぱの部分に入れ込む。

5

細めの束を
ゆっくり入れ込む

4と同様、もう片方も細めの束でゆっくり入れる。

6

ヘアアクセサリーを
付ける

3，4，5，を一緒にピン式のアクセサリーで留める。

あると便利なアイテム

スタイリングがうまくキマるブラシ＆アイロン

スタイリング時にあると重宝するのが、ロールブラシとヘアアイロンです。

ヘアアイロンは、素早くツヤ髪がつくれて、スタイリングもできてしまう、最もおすすめしたいアイテム。ストレートタイプとカールタイプ（コテ）の2種類あります。

髪をまっすぐに伸ばしたり、毛先を軽く内巻きにしたいときはストレートタイプ、カールを付けたり華やかさを出したいときはカールタイプがおすすめ。2つを兼ね備えた2WAYタイプもあります。1つでいろんなバリエーションができるので、1本あると、とても便利。

1カ所につき150度で2～3秒程度を目安に仕上げると、髪に与えるダメージを最小限に抑えられます。

ロールブラシと手づくりピンさし

前髪をつくったり、ボリュームや丸みを付けるときに便利なロールブラシ。つくりたい髪型によって、ブラシの太さを使い分けて。ピンさしは、使わなくなった網タイツの中に綿を入れてつくった即席のもの。底にゴムを付けて腕にはめると、ヘアアレンジ時にピンを片手で取ったり刺したりできて、使い勝手がとてもいい。

ウッド ブローブラシ ブラウン（MARKS&WEB）：美しいオーク材に、静電気を起こしにくい天然素材・豚毛を植え込んだブローブラシ。サイズ展開は3種類。毛先のカールや髪のセットに。

左から順に。
クレイツイオン カールアイロン38㎜（クレイツ）：毛先までツヤと潤い感たっぷりの美しい巻き髪が簡単につくれる。
クレイツイオン ホットロールブラシプロ22㎜（クレイツ）：毛先のカールもトップのボリュームも簡単にスタイリング。（この商品は廃盤となっており、代用品としては、クレイツイオン ロールブラシアイロン ディオーラ26㎜がおすすめ）
ファイテン リペア ストレートアイロン業務用（YUKO IRON）：憧れのストレートを実現。髪を傷めず美しく仕上がる。（この商品の販売は終了しており、現在「YUKO IRON」としてリニューアル商品を業務用／一般販売用として展開している）

ピンやゴムは基本、見せてはいけない！

ヘアピンでおくれ毛を留めたり、ゴムで髪を縛ったり……。日々、何気なく行っている人も多いでしょう。そのときに気を付けてもらいたいことがあります。ヘアピンやゴムを丸出しにしないでほしいのです。

ヘアピンやゴムが見えていると、どんなにおしゃれな装いをしていても、急に生活感が出てしまいます。たとえヘアピンやゴムが黒色でも印象は同じです。ヘアピンはデザイン性のあるアクセサリータイプのヘアピンを使い、ゴムはヘアアクセサリーで隠すようにしましょう。

髪の多い人は、華奢なアクセサリーではゴムの部分が留まらないかもしれません。そんなときは、大ぶりで華やかなデザインのアクセサリーで隠すとよいでしょう。

逆に、髪の少ない人はアクセサリーが大きいと、髪とアクセサリーの間にスペースができて、貧相な印象になってしまうことも……。輪が細めのものや、ハーフ型を選んで空きを少なくし、シンプルで控えめなデザインから試してみてください。

髪量や髪質に合ったサイズを確認してから購入されることをおすすめします。

ヘアアクセサリーのFrance Luxe（フランス ラックス）。とにかくおしゃれで品揃えも豊富。きっとお好みのアクセサリーが見つかるはず。少しお値段がはりますが、ご褒美として自分にプレゼントするのもいいかもしれません。

How to

かんざしタイプ

結び目の上にアクセサリーをあてがい、横からゴムに串をさして完成。髪の少ない人も、このタイプであれば結び目の細さが目立ちません。

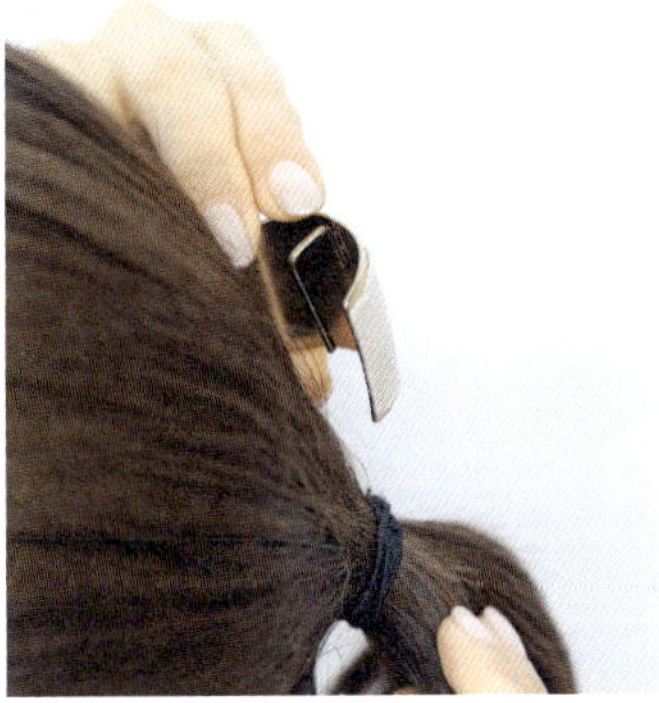

結び目にさすタイプ

ゴムの結び目にさし込むだけ。1秒でつけられて、ゴムを隠せる最高に便利なアイテム。

外出先で髪型が崩れたときの即席リカバリー法

外出先で髪型が崩れたときは、どうしていますか？

朝、どんなにしっかりセットしても、夕方までもたせるのは至難の業。外に出て風に吹かれたり、動いているうちに、髪型はどうしても崩れてしまいますよね。

家にならブラシやドライヤー、スタイリング剤などの道具が揃っているから直しやすいですが、外出先には、さほど道具も持ち歩けません。最低限、何を持っていたら直せるのでしょうか。

おすすめなのが、つげ櫛です。髪の流れとは逆に、つげ櫛を根元から通すと、風が通って湿気が逃げ、ボリュームダウンした髪の根元もふんわりと立ち上がります。

軽くて薄くて持ち運びしやすく、ポーチに入るような小サイズが使いやすいです。

つげ櫛は椿油に漬け込んで油を染み込ませてから使うと、つげ櫛に染み込んだ油が髪にうつって、とかすほどに髪にツヤが出ます。

櫛がなくても、朝セットするときにキープ力の高いスタイリング剤をつけておけば、髪をクシャッとするだけで根元が復活します。この方法もおすすめです。

極力、持ち歩くアイテムは少なく。身軽にリカバリーできるとラクですね。

雨の日は油で髪にフタをする

「爆発ヘア」に「ぺちゃんこヘア」など、湿度も高く、髪が乱れやすい梅雨時期。でも、原因を知ってしっかり対策すれば、1日きれいな髪をキープできます。

梅雨時期の髪の悩みの原因は、毛髪のダメージにあります。どんなに湿気があっても子どもの髪がうねったりしないのは、ダメージのない健康な髪だから。

年齢を重ねるにつれカラーやパーマ、紫外線や日々の摩擦などで髪にダメージを受けてしまい、湿気に耐えらない髪になってしまうのです。

雨の日でも1日きれいな髪をキープするには、髪の水分バランスが大切。髪には、本来ある一定の水分が含まれているのですが、この水分が一定以上に増えると、髪が乱れる原因となります。

ダメージの度合いが高いほど外気水分の影響を受けやすく、外気から取り入れる水分によって髪がうねったりボリュームがアップしたりします。

また髪の細い方は、吸い込んだ水分によって髪が重くなるため、雨の日や梅雨時期はボリュームダウンし全体的にペタッとします。

左から順に。
オイルトリートメント ライフアンドピュア（オリオセタ）：オーガニックオイルの働きにより、髪を集中的に補修し、ツヤを与えます。
ウカヘアオイル レイニーウォーク（uka）：さらりとした触感。アサイーオイル配合。ユーカリやミントの香りで気分もリフレッシュ。
エッセンシャル 耐湿キューティクルバリア オイルスプレー（花王）：均一に広がってベタつかないオイルスプレー。髪内部への水分の出入りを防ぎます。

梅雨時期は、高保湿タイプのヘアマスクやトリートメントなどで事前にしっかりと保湿し、外部からの水分を取り入れないようにすること。

どんな髪質の方にも言えることですが、スタイリングの仕上げに髪全体を湿気からガードすることが有効です。専用のスプレーやスタイリング剤を使うのはもちろん、ヘアオイルなどを毛先や髪の表面に薄くなじませるのも効果的。

髪は一度うねってしまうと元に戻すのは大変なので、外出前にしっかりケアしましょう。

Part 6

健康な頭皮がツヤ髪の決め手

髪のツヤが「見た目年齢」を決めている

大人の美しさに欠かせないのが、「ツヤ髪」です。

ツヤ髪とは、光が当たったときに白く輝き、キューティクルが一定の方向に揃っていて、なめらかな手触りで、ゴワゴワしていない髪のこと。

ツヤ髪の女性は実年齢よりも若く見える方が多いです。白髪やボリュームの少なさも目立ちません。

セミナーをしていると「子持ちだから、ヘアケアを頑張るのもおかしな話なんですが……」「私なんて、もう60を超えているので、いいんですけど……」なんて遠慮がちに話される方が少なくありません。

でも、「どうせ私は」「私なんて」といった謙遜の言葉は、エイジングの始まり。きれいのためにも幸せのためにも無用です。逆に、何歳であろうと「きれいになりたい」という気持ちと、正しい知識さえあれば、髪はいくらでも応えてくれます。

意識すれば見た目も変わりますし、いじけていた気持ちも、ぐんと明るくなります。そして「頑張ったらきれいになれた」という自信が、その人を輝かせてくれます。

「手」は髪や肌をケアする最高の道具

ツヤ髪を手に入れるためにおすすめなのが、手で頭皮をマッサージすること。

頭皮マッサージには、それ以外の効果もあって、顔色を明るくしたり、たるみを改善したり、ヘアロスも白髪も一気に解決できます！

健康な頭皮とは、水分がたっぷりでみずみずしく青白い色をしています。そして、頭皮のふっくらとした厚みと血流量が、髪の密度や太さの決め手になります。

そんな頭皮を手に入れるためには、「手」を使った頭皮マッサージがおすすめです。

頭皮マッサージというと、「なんだか専門的で大変そう……」というイメージがあるかもしれませんが、実は、自分の手を使ってすぐにできる簡単なケア。

しかも、やる、やらないで、顔色の鮮明度や、たるみ度合い、疲れやストレスの溜まり具合に、大きな差が出ます。

「手」という最高の道具を使って、ツヤのある髪も、ハリのある肌も手に入れましょう。

「頭皮マッサージ」はホルモンの乱れにも効果的

よく「こんなにバリバリ仕事をしていると、ひげでも生えてきそう」なんて冗談を言う方がいらっしゃいますが、あながち嘘とも言えません。

というのも、女性がこれだけ社会進出を果たしてストレスが多くなっている現在、「オス化している」といってもいいような症状が増えているからです。

皮膚科では、あご周りのニキビが治らない、肌がオイリーになって困っているといった相談が20代、30代に多いのだとか。

40代以降は、肌の皮脂分泌量が低下するので、そういった悩みこそ減りますが、新たにホルモンバランスの乱れが出てきます。

髪は、女性ホルモンによって支配されています（逆に、眉やまつ毛、あごひげの成長に関わるのは男性ホルモン）。

もともと、女性ホルモンの分泌量は極めて少なく、「一生でティースプーン一杯分」とたとえられるほど。そしてその分泌量は、体の状態はもちろんですが、ストレスによっても大きく変化します。

ホルモンバランスの乱れCHECK表

以下は、男性ホルモンが増えてきているサインです。
3つ以上あてはまる方は、
以降に紹介するマッサージを実践するとともに、
生活の中にリラックスする時間を積極的にもうけてみてください。

- 肌がかたくなってきた気がする
- 肌がカサカサしてきた
- むだ毛が増えてきた
- 産毛が濃くなってきた
- テカりやすい
- 頭皮がベタつく
- イライラしやすくなった

ここにおもしろい実験報告があります。アメリカの大学の実験に、人に銃を持たせると、男女関係なく、男性ホルモン値が上昇したそうです。これは、ホルモンの分泌にメンタルが影響していることの現れです。

ストレスは自律神経を乱し、ホルモンバランスを崩してしまう大きな要因だと言われます。そのため、ストレスをなるべく溜め込まないようにしなければいけません。

頭皮ケアには、リフレッシュ効果やデトックス効果もあります。

次ページ以降に、具体的なマッサージ方法を紹介していますので、ぜひ試してみてください。

ご自分の好きなアロマを焚いたり、音楽を聴きながらやっていただくと、より効果が得られると思います。

頭皮マッサージ1

1日1分マッサージ

たった1分でできる、忙しい人にぴったりな頭皮マッサージがあります！

実は頭皮には筋肉がありません。筋肉運動がないぶん、頭皮に血流が滞りやすいため、髪に十分な栄養が行き届かないことがあります。

ですから、髪に栄養を与えるためにも、手で頭皮マッサージをして頭皮をやわらかくし、血行を促進してあげることが大切なのです。

行うタイミングは、パソコンや携帯で目を酷使し、1日の疲れが溜まった夜がおすすめ。

シャンプー前に行うか、頭皮用美容液をお持ちならシャンプー後の美容液を付けるときにあわせて行うのがよいでしょう。

1分でできるマッサージなので、ぜひ毎日続けてみてくださいね。

How to

1日1分マッサージ

1

手をグーにして、首の付け根を3秒押す

手をグーにして人差し指の第二関節を首の付け根に。横方向ではなく、奥に押し込むような形で付け根を3秒プッシュ。

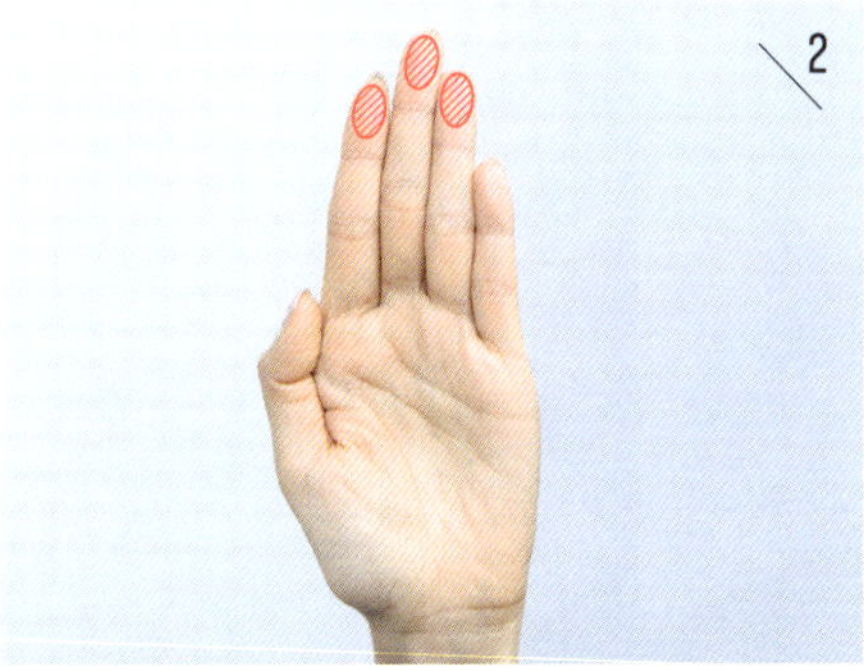

頭皮を傷つけないよう指の腹で

使うのは指の腹。爪を立ててしまうと頭皮が傷ついてしまう。爪が長い人は指を寝かせて。

小さな円を描くように4カ所に分けてほぐす

5本の指の腹で、こめかみから頭頂部までを4回に分けてマッサージ。頭皮をこすらず、押しながら小さな円を描くように。

額の生えぎわから頭頂部にかけて

親指以外の4本の指で、額の生えぎわから頭頂部まで3カ所をマッサージ。3と同様に円を描く。

頭皮マッサージ2

しっかり3分。スペシャルマッサージ

時間に余裕のある日や週末には、もう少し時間をかけて頭皮をいたわってあげましょう。

頭皮のコリや血流不足には、肩こりや首の筋肉のかたさも大きく関わってきます。

首周りをほぐすと、頭や顔に血液が送られて顔色がパッと明るくなります。目の疲れや頭の重さ、だるさも解消されるので、時間のある日にぜひ取り入れてみてください。確実にスッキリします！

「早く効果を実感したい！」という方は、もちろん毎日やっても大丈夫。すべてのマッサージを行っても3～5分で終わります。

トリートメントをつけた後、バスタブに浸かりながら行ってもいいですし、デスクワークで疲れを感じたときにやってもいいでしょう。

How to

スペシャルマッサージ

1

息を吐いて頭を右に3秒キープ

息を吐きながら右手で頭を引き寄せるように倒し、3秒キープ×3回。逆も同じように。力を入れず、手の重みで自然に倒す。

2

ゆっくりと首を左右に1回ずつ回す

息を吐きながら、頭を手で軽く押さえながら、ゆっくりと首を左右1回ずつ回す。肩に力を入れず、首が長く引き伸ばされるようなイメージで。

3

首の付け根と耳の下のくぼみをクルクル

指先で、首の付け根と、耳の下のくぼみを4本の指でクルクル。

How to
スペシャルマッサージ

4

指全体を面にして グッとこめかみから 引き上げる

指全体を面のようにして、こめかみを斜め上にグッと3回引き上げる。ポニーテールをつくる位置に向かうイメージで頭皮も顔もリフトアップ。少しずつ手を上にずらして頭頂部まで。

5

大きく円を描くように 4カ所をクルクル

4本の指でこめかみ横から頭頂部まで4カ所をクルクル。1カ所につき3回ほど押し込むように圧をかけながら大きく円を描く。少しずつ手を上にずらして頭頂部まで。

6

後頭部の3カ所も 引き上げマッサージ

後頭部も3カ所にわけて同じように引き上げマッサージを。敏感な人ならポカポカと頭皮が温まってくる。

7

生えぎわをプッシュして頭皮を上へ引き上げる

4本の指の腹で生えぎわをプッシュしながら、頭皮を上へ軽く引き上げる。生えぎわから頭頂部までの3カ所を3回ずつ。

8

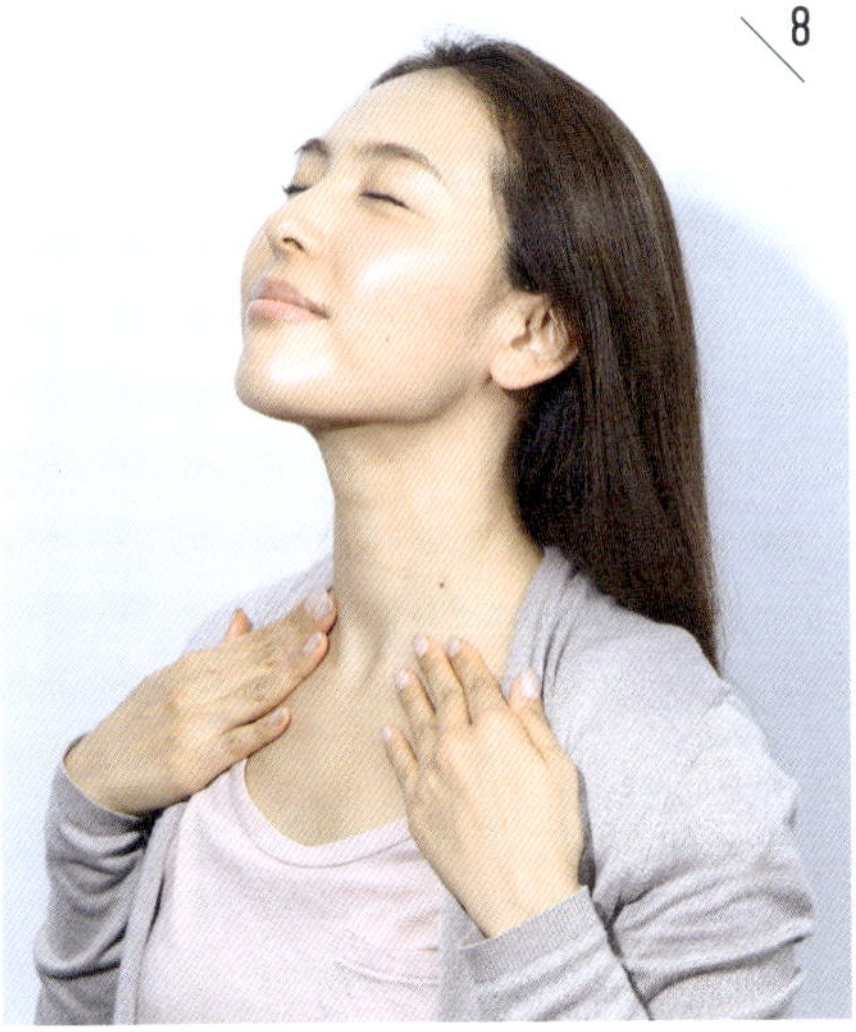

頭の上から鎖骨に向かって、そっとなで下ろす

老廃物が流れて、顔や頭皮がスッキリするのを感じて。

頭皮マッサージ3

抜け毛・細毛予防集中マッサージ

年齢を重ねるにつれて、抜け毛が気になってきたという方も多いのではないでしょうか？

抜けた髪を観察してみると、もともとの髪よりも細くなっているケースがほとんどです。

抜け毛や細毛の方に共通しているのが、頭皮のかたさ。目の使いすぎや肩、首のコリなどからくる緊張が頭皮に現れてしまっているのです。

150ページで紹介した「1日1分マッサージ」で、頭皮を頭蓋骨から引き剥がすように動かしたら、指の腹を使ってリズミカルに、トン・トン……と軽く叩くようなマッサージをしてみましょう。とても心地よく感じるはずです。

強い圧の「1日1分マッサージ」を加えることで、筋膜（筋肉を包む膜）にアプローチして、かたくなった頭皮全体をやわらげます。

How to

抜け毛・細毛予防集中マッサージ

1

指の腹で卵を握るように、そっと抱える

5本の指の腹で手をふわっと丸く、卵を抱えるような形に。強く握らず、ピアノをそっと弾くようなやわらかい手が基本。

2

左右交互に
1分間トントンと叩く

左右交互にリズミカルに頭皮を叩く。耳より上の部分を中心に、トントン……と1分。

3

ブラシでも
トントンと叩く

頭皮用のブラシがある人は、ブラシで叩いてもOK。

4

気になる部分は
重点的に

分け目など気になるところがある人は、そこを重点的に。

頭皮マッサージ4

生えぎわ後退用頭皮マッサージ

40代以降は、ホルモンバランスが乱れ始め、それが髪にも現れてくる世代。

そして、その乱れの出やすい場所が、髪の生えぎわです。

額が大きくなった、生えぎわが後退してきたと感じたら、ホルモンバランスを意識したケアの始めどき。

症状がひどい場合は、婦人科にご相談いただくことをおすすめしますが、そういった治療と並行して、マッサージを取り入れたり、リラックスする時間をもうけることも重要です。

ホッとくつろぐこと、癒されるひとときを持つこと。デリケートな大人世代の髪や肌、心にとっては、それらが毎日を充実して過ごすために欠かせないエッセンスとなります。

How to

生えぎわ後退用頭皮マッサージ

1

手のひら全体でマッサージ

指先だけでなく、手のひら全体を押しあてて「面」でマッサージ。精油などを手首につけて、リラックス効果を高めるのも◎。

2

**こめかみの横、
耳の上を内側に
押し込むように**

こめかみの横、耳の上に手のひらをペタッとあて、内側に押し込むようにしながら円を描く。頭皮はこすらないように強めに5回。

3

**頭頂部も同様に。
頭皮がゆるんで
いくのを感じて**

同様のマッサージを頭のハチ部分（頭の両サイドの出っ張った部分）、頭頂部でも。グッとかかる圧の心地よさ、頭皮がゆるんでほっとする感じを味わって。

4

**深呼吸しながら
こめかみを
斜めにリフトアップ**

指を揃え、こめかみに添える。深呼吸しながらグッと斜め上にリフト。包み込まれる安心感が生まれ、眠りも深く。

毎日の「ブラッシング」でツヤ髪は手に入る

ブラッシングというと、単に「髪をとかすだけのもの」と思っている方も多いのではないでしょうか。

最近は、ブラッシングそのものをする女性が減ってきているようです。

わざわざブラシを使わなくても、手櫛で十分髪は整うと思っている方も結構多いようです。

ブラッシングをする本来の理由は、頭皮と髪を美しく健康にするため。

つまり、「髪と頭皮をケアする」ために行うものです。

今の時代を生きる私たちは、毎日髪を洗うことができますが、遥か昔の江戸時代では、そう頻繁には髪を洗うことができず、洗う代わりにブラッシングをして髪や頭皮の汚れを落としていました。

ブラッシングは美しいツヤ髪を手に入れるために、最も簡単にでき、欠かせないもの。ブラシ1本で得られる効果は、なんと15個も！

ぜひ習慣化して、美しいツヤ髪を手に入れてくださいね。

手櫛だけではダメ！

ブラッシングの15の効果

1 » 毛穴に詰まった皮脂を浮かす

2 » 頭皮の古い角質を浮かせ、汚れを落とす

3 » 髪のほこりや花粉をはらう

4 » 髪のキューティクルを整えツヤを出す

5 » 髪のからまりをとる

6 » 頭皮のコリをほぐしてマッサージ

7 » 頭皮のかゆみを抑える

8 » 皮脂をトリートメント剤に変える

9 » 頭皮をリフトアップして小顔効果

10 » 毛穴の歪みを矯正してうねり毛防止

11 » 栄養を行き渡らせて白髪を防止

12 » 血行を促進して抜け毛防止

13 » キューティクルを閉じてカラーをキープ

14 » 貧相な髪のボリュームアップ効果

15 » 広がる毛のボリュームダウン効果

ブラッシングは1日4回するといい

常に髪をきれいな状態に保つためには、1日4回ブラッシングすることをおすすめします。4回も……と躊躇される方もいらっしゃるかもしれませんが、4回のブラッシングにはそれぞれ目的があります。

まずは、寝ている間にからんだ髪の表面を整えてツヤを出す朝ブラ。

次は夕方ブラ。あとは家に帰るだけだからと油断しないで、お化粧直しの感覚でヘア直しを。ブラシがない場合は、2本の指で髪を挟んで伸ばしてあげてもOKです。

3回目は、夜、シャンプー前に汚れを落とす夜ブラ。

最後は、髪を洗って乾かした後に、乱れたキューティクルを整えるための仕上げブラ。これを行えば、翌朝スタイリングに時間をかけることも少なくなります。

忙しい方は、1日2回の朝と夜のブラッシングから始めてみてください。

まずはブラッシングを習慣付けること。小さめのブラシやつげ櫛をポーチなどに入れて、気になったときに外出先でもケアできるようにしておくとよいでしょう。

毎日の4回のブラッシングが、ツヤ髪を取り戻す大きなきっかけになります。

1／ツヤ出しの朝ブラ

睡眠中に摩擦でからんだ髪を毛先からほぐし、髪にツヤを出すブラッシング。地肌までブラシを入れ、皮脂が髪全体に行き渡るように表面を整えて。

2／お化粧直し感覚の夕方ブラ

髪型の崩れや乱れを整えて、髪にツヤを再度出すためのブラッシング。ブラシやつげ櫛、指を使ってもいいですね。リフレッシュ効果もあります。

3／シャンプー前の夜ブラ

1日の汚れを毛先からとかして落とすためのブラッシング。頭皮をマッサージするイメージで、毛穴に詰まった余分な皮脂を取り除いて。

4／洗った髪を乾かした後の仕上げブラ

乱れたキューティクルの状態を整えるためのブラッシング。翌朝、寝癖がつきにくくなったり、髪型を崩れにくくする効果があり、時短にもつながる。

朝一番のブラッシングで髪をツヤツヤに

ここからは朝と夜のブラッシングについて、詳しく紹介していきます。

まずは朝ブラから。朝のブラッシングをしっかり行うと、キューティクルが整って髪のまとまりもよくなり、スタイリング剤を使わなくても美しいツヤ髪が生まれます。

朝は、眠っている間に毛先が摩擦でからんでいることも多くあります。

まずは毛先のからみをほぐして、ブラシがスムーズに通るように整えましょう。

キューティクルの乱れを整えたいので、軽くやさしく表面をなでるようにとかすのがポイント。

また、毛穴から出ている皮脂を髪全体になじませ、ツヤを出すことも重要です。地肌からブラシを入れて、天然の皮脂を髪全体に行き渡らせます。このときに、キューティクルが整うように意識してブラッシングしましょう。

仕上げは、上から下へ、地肌から毛先に向かって髪の表面をなでるようにブラッシング。乱れていたキューティクルがキュッと閉じて美しいツヤが生まれます。

朝ブラには、静電気が起こりにくくツヤが出る天然毛のブラシがおすすめです。

How to

毛先をほぐす

からんでいる毛先をほぐす。ブラシを持っていない手のひらで髪を支えて、ブラシでやさしくブラッシング。

髪の中間からほぐす

いきなり頭頂部からとかすのではなく、髪の中間から。髪のほつれは下から少しずつといていくのが正解。

地肌に沿ってブラシをあてる

毛穴から出ている天然の皮脂を髪全体になじませるように、地肌に沿ってブラッシング。

上から下へ髪全体をとかす

地肌から毛先に向かって髪表面をなでるように。開いていたり乱れていたキューティクルが閉じて、美しく自然なツヤが生まれる。

夜ブラで汚れをしっかり落とす

朝ブラと夜ブラ、どちらもとても大切ですが、しいて優先順位をつけるとしたら、シャンプー前の夜ブラがより大切です。

夜ブラの目的は、髪や頭皮の汚れを浮かせてシャンプーやお湯をなじみやすくすること。髪にたっぷりついた目に見えないほこりや汚れをしっかり落としたいので、地肌からかきあげます。毛穴の皮脂をかき出すため、ブラッシングの方向は髪の生えている方向に逆らって、下から上へ行います。

シャンプー前のブラッシングをきちんと行うことで、シャンプーやトリートメントの効果も倍増。シャンプー剤も少量使うだけでよくなるので、頭皮や髪への負担を減らすこともできます。

いきなり地肌からではなく、毛先からやさしくとかすことがポイント。

次に、頭部を上下半分に分け、まずは上半分から。生えぎわから頭頂部に髪を集めるようにブラッシングします。下半分は下から上に向かって、毛穴の汚れをやさしく浮かせるようにブラッシングしていきましょう。

How to

毛先からとかして
汚れを払う

目に見えないほこりを毛先から落としていく。無理やりとかすと切れ毛の原因にもなるため、毛先からやさしくとかす。

ブラシで汚れをかきだすように、
後方へとかす

上半分は、頭皮に対して斜め45度にブラシをあてて、顔周りから後方へブラッシング。頭皮をマッサージする要領で、心地よい力加減でとかす。

ポニーテールをつくるように
生えぎわから頭頂部のほうへとかす

地肌にブラシをあてて、生えぎわから頭頂部に向かって、地肌の汚れを浮かせてかきだすようにとかす。

ポニーテールする感じで、
うなじから上へとかす

下半分は、下から上に向かって。襟足から頭頂部へとかしあげるイメージ。地肌にブラシをあて、生えぎわから後頭部に向かって、毛穴の汚れを浮かせるようにとかす。

天然毛のブラシがオールマイティーに使える

ここまでの話で、ブラッシングがツヤ髪をつくるのにどれだけ重要なのかわかっていただけたのではないでしょうか？　そのブラッシングに欠かせないブラシ選びも、ツヤ髪をつくる上で大切な要素。ここでは、たくさん種類があってどれを選んだらいいのかわからないという方に向けて、おすすめのブラシをご紹介します。

ブラシは消耗品なので、あまり高価なブラシを買う必要はないと考えています。

もし1本だけ持つなら、豚毛や猪毛のような天然毛のブラシがおすすめ。オールマイティーに使えます。

また、静電気が出ない素材を選ぶのがポイント。静電気は髪を傷め、パサつく原因にもなります。静電気が起きやすいプラスチックのものは避けたほうがよいでしょう。

頭皮をマッサージするパドルブラシもあります。使うたびに頭皮を刺激してくれて、血行がよくなり、顔色がパッと明るくなります。

また、毎日使うブラシには汚れがたまります。そのブラシを掃除するための専用ブラシがあると、清潔に使えていいですよ。

左上から、パドルブラシ（AVEDA）、ウッド ヘアブラシ ライトブラウンL（MARKS&WEB）、パドルブラシ（LOUVREDO）。左下から、「毛染め4点セット」カラー用ブラシ（ダイソー。ブラシ掃除用として使えます）、ヘアブラシクリーナー ブラウン（MARKS&WEB）。

「予洗い」で髪の汚れは9割落とせる

シャンプーと言うと、「髪を洗う」ことをイメージされる方も多いのではないでしょうか？　ですが、シャンプーは頭皮の汚れを落とすものです。166ページでお伝えした夜ブラでブラッシングをし、お湯で予洗いすることが大切です。

「予洗い」という言葉に、なじみがない方も多いかと思います。予洗いとは、シャンプー前にぬるま湯で丁寧に地肌と髪を濡らすこと。予洗いによって、毛穴が開いて汚れが落ちやすくなります。

また、髪に水分を含ませることで、洗髪時の摩擦を減らす役割も担ってくれます。

予洗いではお湯の温度に注意しましょう。理想の温度は38〜40度なのですが、多くの方がお湯の温度を熱めに設定しています。しかし、熱過ぎるお湯は頭皮や髪を乾燥させてしまうので、シャワーとして浴びるには低いくらいの温度がおすすめです。

指を髪の中に入れて、手のひらにためたお湯で地肌を洗う「ためすすぎ」を行います。手のひらにためたお湯で頭皮を温め、毛穴を開かせるようなイメージで。

予洗いで髪の汚れの9割は落とすことができます。

How to

髪にお湯をあてる

ぬるま湯で丁寧に地肌まで濡らす。とくにスタイリング剤などが付いた髪は、お湯を弾きやすいので、しっかりとお湯をかける。

頭皮を出す

分け目を変えて頭皮に直接お湯をかけたり、手のひらにお湯をためてパシャパシャすすぐ。

髪をくしゅっとして下からシャワーをあてる

4カ所くらいをためすすぎ。頭皮全体にお湯を行き渡らせて。髪をかきわけて地肌を出し、そこに直接お湯をかけるのも効果的。

1～2分くり返す

予洗いは1～2分しっかりと。地肌まで濡らして毛穴を開く。この予洗いで髪の汚れは9割落とせる。

髪ではなく「頭皮を洗う」正しいシャンプーの方法

これまで多くの方の髪を見てきましたが、きちんと頭皮を洗えている人は、なんと1割程度しかいませんでした。

「洗っているつもり」でも頭皮が洗えておらず、毛根周りに皮脂がびっしり！という人が多いのが現状です。

菌にとって、ただでさえ頭皮は住みやすい環境ですが、それに加え、皮脂というエサがあると、菌がどんどん繁殖します。

頭皮がまったく洗えていないために、においが発生してしまっている方も珍しくはありません。

ですから、指の腹を使って、きちんと頭皮を洗い、しっかり汚れを落としましょう。

長年積み重なった汚れは一度では落とせませんが、正しいシャンプーを行えば、1週間ほどで皮脂汚れはきれいになります。

これから正しいシャンプーの手順を紹介しますので、ぜひ今日から実践してみてください。

How to

正しい髪の洗い方
シャンプー

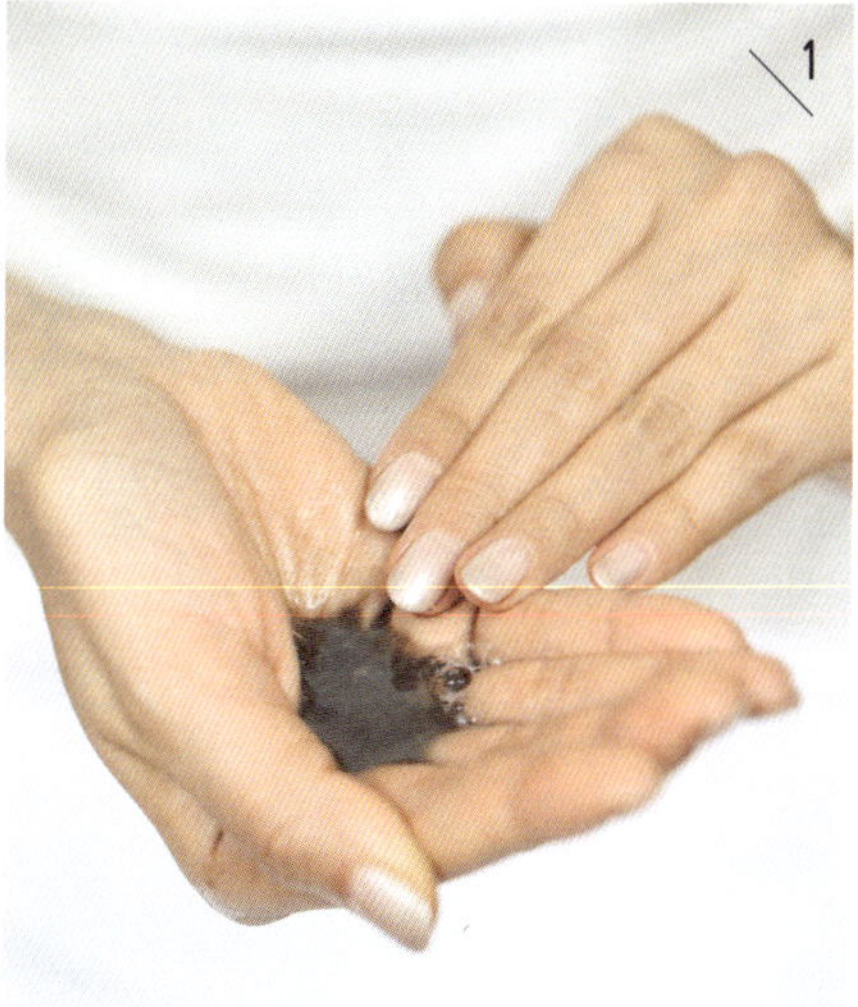

泡立てない

シャンプーは適量を手に取り、同量くらいのお湯を加えて薄める。たっぷり泡立てる必要はなく、ゆるめることにより、地肌に塗りやすくするのがポイント。

なで洗い

指の腹を使って、頭皮の表面をなでながら下から上へと頭皮を洗う。頭皮を軽く、やさしくさするように。力を入れず軽くなでるように行う。

How to

正しい髪の洗い方
シャンプー

揉み出し

頭皮の毛穴にこびりついた汚れを、揉みほぐして浮かせる。爪は立てずに、指の腹で地肌をグッと動かす。ハチの部分（頭の両サイドの出っ張った部分）を中心に2分程度行う。

すすぎ

髪や頭皮にシャンプー剤が残らないよう、2～3分かけて丁寧に洗い流す。手のひらにお湯をためて地肌を洗ったり、やさしくなで洗う。

絞る

髪に残った水分を手で軽く絞って、トリートメントの準備を。髪を引っ張ったり、こすったりするのはNG。水気を取ってトリートメントの浸透を高める。

How to
正しい髪の洗い方 トリートメント

トリートメント

まずはトリートメントを手のひらにのばして両手で包み込む。トリートメントを温めることで、髪の内部まで浸透しやすくなり、成分がしっかり入る。

揉み込む

手のひらのトリートメントを揉み込むようにつけるのがポイント。毛先からつけ、髪全体に行き渡らせて。

How to
正しい髪の洗い方 トリートメント

重ね付け
傷んでいる髪の部分にはトリートメントを重ねて付けて、成分をたっぷり送り込む。とくに髪表面と毛先はダメージを受けやすいので入念に。

手櫛で伸ばす
トリートメントを揉み込んだら、最後に手櫛で髪全体に行き渡らせる。頭皮には触れないようにしながら、髪の内側や襟足など忘れがちな部分もそっとなでて。

5分ほど放置

全体にトリートメントを行き渡らせたら、5分ほど放置。付けてすぐ流してしまっては成分が浸透する時間がなく、トリートメントの意味がなくなってしまう。

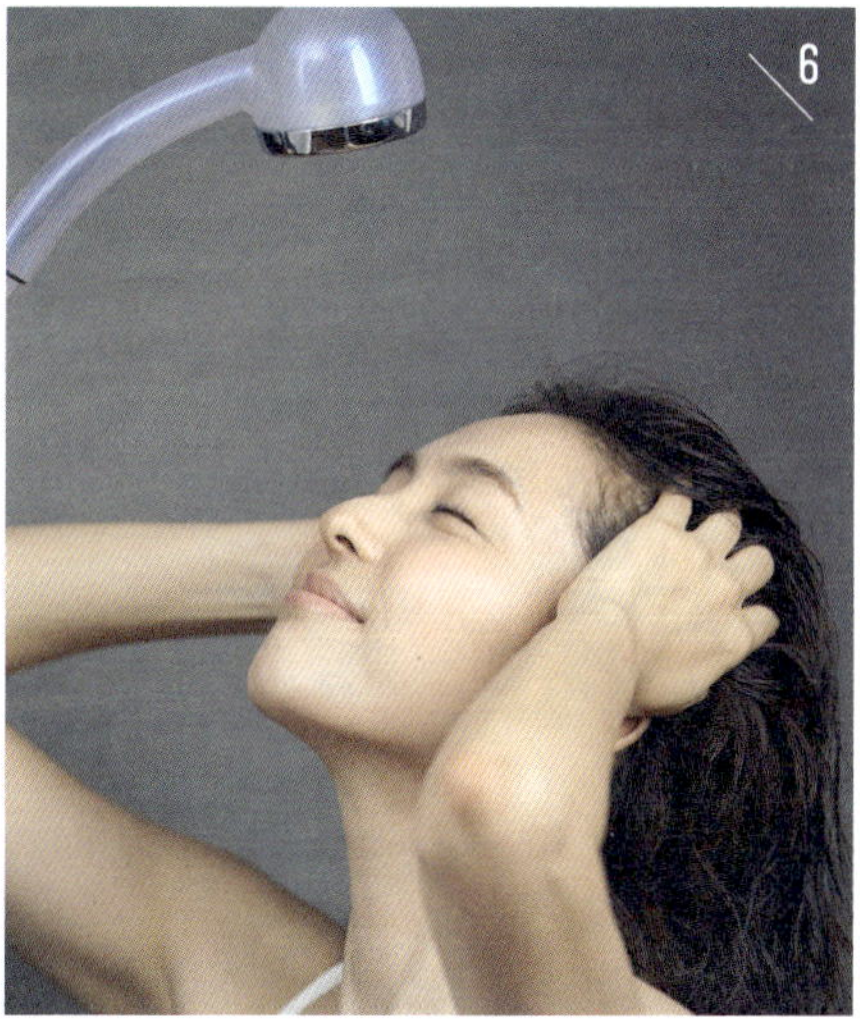

流す

一定の時間放置したら洗い流す。頭皮にトリートメントを残さないように、手のひらにお湯をため、地肌にかけて、しっかり流す。髪より頭皮を念入りに1～2分かけて流す。

おすすめのシャンプー&トリートメント剤

セミナーや取材で一番多く聞かれる質問は「どのシャンプーがおすすめですか?」という質問。今は多くのメーカーからさまざまな種類のシャンプーが発売されており、どれを選べばいいかわからないという方が多いようです。

おすすめのシャンプーを聞かれたときには「今の頭皮の状態に合わせて選んでみましょう」と答えています。

くり返しになりますが、シャンプーの目的は頭皮の汚れを落とすこと。「シャンプーを変えたら髪質が変わるかも!」と期待してしまう気持ちは十分わかりますが、その期待は少し的外れです。

シャンプーを選ぶ際は、自分の頭皮の状態に合わせて選んでみるといいでしょう。体調や季節・年齢などによって合うシャンプーは変わります。ぜひご自身に合ったシャンプーを見つけてみてください。

次ページに、おすすめのシャンプーとトリートメントを紹介します。参考にしてみてください。

左上から順に。
薬用ブラックシャンプー（CA101）：酵素の力で頭皮の角質をケアするノンシリコンシャンプー。
ヘアトリートメント（CA101）：もろくなった髪を集中補修してツヤと潤いを与えるトリートメント。
セルメイド ヘアソープ（コーワテクノサーチ）：「汚れのみを落とし必要なものは奪わない」をコンセプトに設計された、頭皮や毛髪にやさしい弱酸性の シャンプー。
CHAIN ヘアパック（CHAIN）：毛髪構造で最も重要なバリアー成分「CMC＝脂質、細胞膜複合体」を守るために、脂質を贅沢にハイブリッド処方したヘアパック。
クゥオ メゾフォルテ ヘアバス mf、クゥオ メゾフォルテ キトマスク mf（アマトラ）：髪から流出した成分に近い成分を補い、髪純度（髪が本来持つ純粋な美しさ密度）を高めるシャンプーと、エイジングケア・トリートメント。

頭皮の保湿は顔と同じぐらい大切

洗顔後やお風呂上がりに、化粧水や乳液で顔の保湿をする方は多くいらっしゃるでしょう。しかし、美容に関心の高い方でも怠りがちなのが、「頭皮の保湿」です。

実は、「頭皮の保湿」は頭皮ケアの中でもマッサージと同じくらい重要。

頭皮の保湿を怠ると、髪がうねったり、健康な髪が育たなかったりするだけでなく、頭皮のたるみ、顔のたるみの原因にもなってしまうのです。

ですから、頭皮をしっかりと保湿して潤わせ、栄養を与えることで、元気な状態へと導いてあげましょう。

頭皮の保湿には頭皮用美容液をおすすめしています。

それは、有効成分を毛根や頭皮に直接与えることができるためです。

よくセミナーなどで「余った顔用の美容液を頭皮に使ってもいいですか?」と聞かれることがあります。

もちろん付けていただいても、まったく害はないですが、健康で美しい髪を育てるということに関しては、あまり期待ができないと考えたほうがいいでしょう。

頭皮用美容液は、元気で美しい髪を育てる土台づくりのためには欠かせません。

「これから生えてくる髪」を育てるために、ヘアケア用品の中で一番お金をかけてもいいと言っても過言ではないくらい。

だからといって、高価なアイテムを絶対に使わなければならないということはありません。

まずは手を活用するのが先。製品選びは、その次です。

フェイスケアでも同じですが、手は最高の美容ツール。

どんなに高額でよいアイテムを入手しても、その使い方を間違えていたら効き目が半減します。

また、せっかく頭皮用美容液を付けても、汚れが溜まったままの頭皮では浸透が悪く、育毛などの効果は期待しにくくなってしまいます。

まずは、自分の手を使って行える日々のケアをコツコツ地道に頑張ることが大切。

美容液などの外からのケアに、食事などの内からのケアを加えることで、高価な美容液を使わなくても、頭皮の状態を改善することはできます。

健康な頭皮を手に入れるために大切なのは、かけたお金ではなく、かけた手間なのです。

頭皮用美容液はシャンプー後に付けるのがベスト

頭皮の保湿がとても重要だということはおわかりになったと思いますが、「そもそも、頭皮の保湿ってどうやるの？」と疑問に思う方も多いのではないでしょうか。

せっかく頭皮を保湿しても、やり方を間違えてしまうと、効果も薄くなってしまいます。ここでは、正しい保湿方法を詳しくお話ししていきます。

頭皮用美容液を付けるのはドライヤーの前。シャンプー後の髪が濡れている状態がベストです。

シャンプー後の頭皮は、毛穴も開いていて栄養成分がぐんぐん浸透します。

せっかく頭皮用美容液を使っていても、頭皮に届いていないと意味がありません。美容液を付けるときは髪に振りかけるのではなく、分け目をつくって地肌をしっかりと出し、頭皮に直接付けるのがポイントです。

頭皮用美容液は、基本的にさらりとした質感なので、手のひらで抑えると簡単になじみます。朝のスタイリング前と、シャンプー後の1日2回が付ける目安です。

How to

1

分け目を出して 頭皮に直接付ける

頭皮に直接付けるのがポイント。髪に付けても美髪効果はゼロ。付けたい部分の分け目をしっかり出して、地肌に美容液が付いているのを確認しながら。

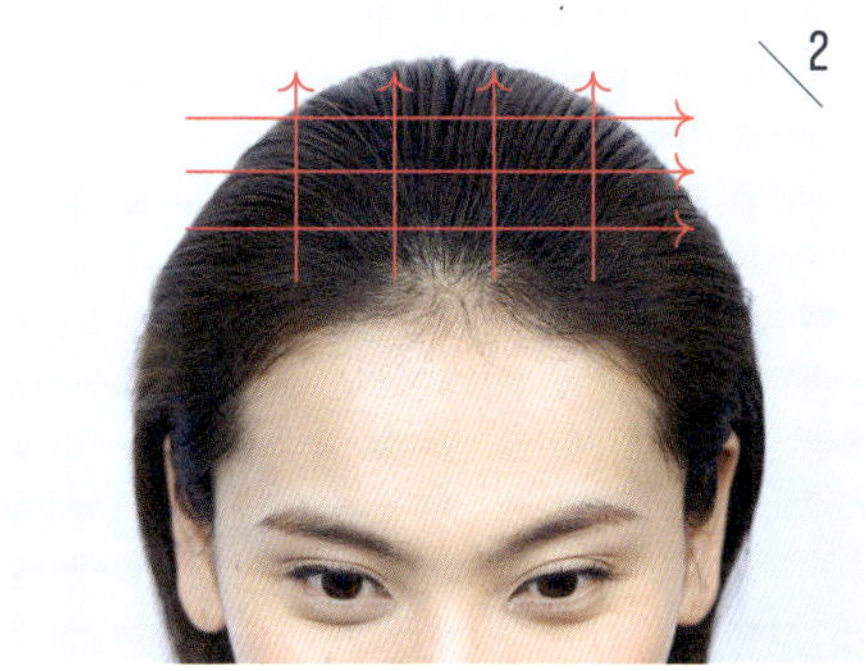

2

縦4本×横3本の 線を引くように

頭頂部付近の地肌を出しながら、縦に4本、横に3本、線を引くように美容液を付けていく。頭のてっぺんには筋肉がなく血流が滞りやすいので、その部分へ重点的に。生えぎわなど気になるところにも。

3

手で押さえて 温めながら 浸透させる

美容液を付けた部分を手で押さえることで、毛根までしっかり浸透させることができる。こすったり叩いたりすると、髪を摩擦で傷めてしまうので要注意。

保湿、かゆみ…美容液は悩みにあわせて選ぶ

頭皮の保湿を考える上で重要なのは、くり返しになりますが「頭頂部には筋肉がなく、動かすことができない」ということです。つまり、頭皮の血液の流れは、心臓に頼るしかありません。

最近では、1日の中で携帯やネットを見ている時間が多い方も結構いらっしゃるかと思いますが、そういった生活習慣を続けていると、目や肩、頭皮が凝って血流がどんどん悪くなっていきます。

そんな状態で、頭皮を保湿する美容液を選ぶ際は、「血行を促す成分」が入っているものを選ぶようにしましょう。血行促進成分で代表的なものは、オタネニンジンやセンブリ、ショウガなどの生薬系のエキスです。

そして、もう1つのポイントは、「頭皮」が体中で最も皮脂分泌量が多いということ。頭皮は表面を髪でびっしり覆われているので、蒸れやすく洗いにくく、どうしても湿度が高くなりがちな場所。こうした条件では、皮脂が酸化したり、雑菌が繁殖しやすくなります。

左から順に。
セブンフロー スキャルプスー（美・ファイン研究所）：頭皮を清潔にし、健やかに保つ頭皮ケア美容液。付けたときの爽快感が特徴。
オージュア オーセナム ルーセントオーラ（ミルボン）：加齢により増加する地肌の活性酸素を除去し、抗酸化力を高め、地肌からエイジング毛を抑制する美容液。
アクアバランス（イーラル）：頭皮の水分量を増加させ、柔軟で潤いのある状態にする美容液。

それが原因で、お肌に問題が無い人でも、季節や体調によって頭皮にかゆみや赤みが生じることもあります。美容液を選ぶ際は、頭皮を清潔にし、健やかに保つ「抗炎症成分」を含んでいるものがおすすめです。

他にも、メラニン色素を活性化させたり、酸化を抑えたりと、頭皮用美容液には様々な成分があります。自分の悩みに応じた美容液を使って、健康的で美しい髪を育てられる頭皮をつくっていきましょう。

早起き早寝のリズムが健康な髪や肌を育てる

良質な睡眠は、どんな高級美容液よりも、髪や肌によい影響を及ぼすと言われます。睡眠中は、日中のダメージを修復し、新たな髪や肌、筋肉をつくる絶好のチャンス。成長ホルモンがバンバン分泌されるので、夜はしっかりと眠っておくべきです。

ただ、「それはわかっているけれど、忙しくて……」という現代女性の事情もよくわかります。夜更かししてしまうことは多々あるもの。

だからといって、自分を責めてもしかたありません。たとえ夜更かししてしまったとしても、「髪や肌にダメージを残さない知恵を身につける」ほうが、はるかに前向きで効果的です。

美髪の鉄則は、「何があっても、起きる時間は一定に！」ということ。

週末ともなれば午前中くらいは寝ていたいという気持ちもよくわかりますが、実はそれが間違いのもと。遅くまで寝ているから夜眠れなくなるのです。早起きをすれば、自然と早くに眠くなります。

質のよい深い眠りが訪れるためには、「メラトニン」というホルモンがきちんと分

健康な髪をつくるためには、毎朝、同じ時間に光を浴びるといい。

泌される必要があります。

このメラトニンがうまく分泌されるコツは、「朝に光を浴びること」。朝日を浴びてから14〜16時間ほどすると、分泌されてきます。

このメラトニンには高い抗酸化作用があり、日中に受けたダメージの修復を助けてくれます。「早起き早寝」のリズムを守ることによってメラトニンがきちんと分泌されるのであれば、多少睡眠時間が減ったとしても、朝は起きるべきなのです。

もちろん前夜の就寝時間が遅ければ、多少起きる時間を後ろ倒しにしても大丈夫。睡眠時間が極端に少ないときは、昼寝をするのも有効です。

平日、週末を問わず、朝は同じ時間に起きて、日を浴びる。早起き早寝を心がけましょう。

ヨガやストレッチなどの有酸素運動が髪を元気に

健康的な髪をつくるには、血行促進とリラックスがとても重要です。運動をすると、髪も元気になって、若々しくなります。

全力で走ったりしてしまうと交感神経がオンになりますが、ゆっくり走るぐらいの軽い有酸素運動だと、ほどよくリラックスできて副交感神経が働きます。

つまり、過剰な運動よりも、ゆっくりペースのジョギングや、ヨガやストレッチなどがおすすめです。

ヨガにしても、逆立ちしたりするパワフルなものではなく、リラックス系のデトックスヨガなどがおすすめ。

副交感神経を働かせることが、髪の毛にとってはすごく効果的なのです。

適度な運動をすると、リンパの流れがよくなったり、眠りが深くなったりなど、いいことがいろいろあります。

オンラインのヨガレッスンMy Yoga worksをご存知でしょうか？

これはおすすめです（https://www.myyogaworks.com/）。

健康な髪をつくるには、
副交感神経を刺激する、
ゆるい運動がおすすめ。

レベル別にたくさん先生が所属していて、その中から利用者が好きな先生を選んでレッスンを受ける形式です。

たとえば、朝の時間がないときに「12分モーニングヨガ」をやってみたり、お風呂上がりの就寝前に「寝る前20分ストレッチ」をやってみたり……。

自分の都合で自由に選んでできるので、忙しくてなかなか自分の時間がとれない女性には、使いやすくて、とても便利だと思います。

レッスン内容はすべて英語ですが、映像があるので英語に自信がない方でも、十分理解できるのでご心配なく！

レッスンの中には、無料のレッスンもありますので、まずはそこから始めてみるのもいいでしょう。

きれいな髪は、食べ物・飲み物でつくられる

髪の主成分はタンパク質。髪のことを考えるなら、タンパク質は必ず摂るべきです。30代も後半を迎えると、髪の悩みと同様に体重増加も気になるところ……。タンパク質を多く摂って、米やパンなどの糖質を減らせばダイエットにもなります。

現代日本の食生活は糖質過多だと言われています。糖質といえば、ダイエットの敵と思われがちですが、実は髪や肌のエイジングを引き起こす犯人でもあります。「糖化」という言葉を聞いたことがありますか？　タンパク質に糖質がくっつく現象です。炊きたての白くてふっくらしたご飯粒を思い出してください。放置しておくと、かたく黄ばんできますよね？

糖質を摂りすぎていると、髪や肌でも同じことが起き、表面がかたくなったりツヤがなくなったりするのです。まずは普段から糖質控えめな食事を心がけてみましょう。

髪にいい食材としては「大豆」や「ひじき」「豚肉」などがおすすめです。次ページに「髪にいいお料理レシピ」を紹介しています。

ぜひ参考にしてみてください。

おかずレシピ1

ひじきのサラダ

材料

- ひじき乾燥 … 約40g
- 人参 … 6cm
- 長ネギ … 1/2本
- 絹さや … 1〜2パック
- やわらぎ（メンマ）… 1瓶

〈合わせ調味料〉

- 水 … 1カップ
- 鶏ガラスープの素 … 小さじ1
- 醤油 … 大さじ1
- 酒 … 大さじ1

〈たれ〉

- ゴマ油 … 大さじ2
- 酢 … 大さじ2
- 醤油 … 大さじ1

つくり方

1- ひじきをたっぷりの水で戻す。人参は、細い千切り、長ネギも細い千切り、絹さやはヘタを取って塩少量を加えた熱湯でさっとゆで、斜めに細切りにする。

2- フライパンに油（分量外）をひき、ひじきを炒める。合わせ調味料を加えて煮含める。

3- ひじきが冷めたら水分を切り、人参、長ネギ、絹さや、やわらぎを加えてあえる。

4- 食べる直前に、たれを混ぜ合わせる。

すき昆布

おかずレシピ2

材料

- すき昆布 … 20cm×15cm
- 人参 … 3cm
- 干し椎茸 … 2個
- サバの味噌煮缶 … 1個（無ければ、油揚げでもOK）

〈合わせ調味料〉
- 干し椎茸戻し汁 … 100cc
- みりん … 大さじ1
- 醤油 … 大さじ1と1/2

つくり方

1 - すき昆布をたっぷりの水で戻す。人参は千切り、一晩水につけて戻した干し椎茸は軸を取って細切りにする。サバはほぐしておく。

2 - 鍋に油（分量外）をひき、人参と干し椎茸を炒める。人参がややしんなりとしたら、合わせ調味料を入れて煮る。すき昆布を加えて混ぜ、さらにサバを加える。

※すき昆布に火を通し過ぎるとやわらかくなってしまうので、様子を見ながら火を止め、余熱で味を染み込ませると、すき昆布のシャキッとした食感も味わえる。

おかずレシピ3

豚肉と大豆の豆板醤炒め

材料

- 豚バラ肉（薄切り）
  … 200g
- 大豆 … 150g
- 生姜 … 1かけ
- 豆板醤 … 大さじ1/2
- 鶏ガラスープ
  … 1/2カップ
  （顆粒を水で溶いたものでOK）
- 味噌 … 大さじ1
- 酒 … 大さじ1
- 砂糖 … 大さじ1/2
- サラダ油 … 大さじ1

つくり方

1 - 豚バラ肉は一口サイズに、生姜は千切りにする。

2 - フライパンにサラダ油を熱し、生姜と豆板醤を炒め、香りが出てきたら豚バラ肉を加えて炒め合わせる。

3 - 2に大豆を加え、火を通したら鶏がらスープ、味噌、酒、砂糖を加えて、汁気がなくなるまで炒める。

おかずレシピ4

大豆のドライカレー

材料

- 牛ひき肉 … 300g
- 玉ねぎ … 1個
- 椎茸 … 4本
- 大豆 … 1カップ
- サラダ油 … 大さじ1と1/2
- ご飯 … 適量

〈合わせ調味料〉

- カレー粉 … 大さじ1
- コショウ … 少々
- 酒 … 大さじ1
- 醤油 … 大さじ1
- オイスターソース … 大さじ1
- 塩 … 小さじ1/2
- 黒酢 … 大さじ1

つくり方

1 - 椎茸は石づきを取って1cm角に切る。玉ねぎは粗みじん切りにする。

2 - フライパンに油と玉ねぎを入れて火にかけ、半量になるまで弱火～中火でじっくり炒め、椎茸を加えてさらに半量になるまで炒める。

3 - 2に牛ひき肉を加えて炒め合わせ、水分をしっかり飛ばし、大豆を加える。

4 - 3に合わせ調味料を加えて炒める。

5 - 器にご飯を盛り、4をかけてできあがり。

飲み物レシピ1

甘酒

材料

- 米こうじ … 200g
- 60℃のお湯 … 1ℓ

つくり方

1 - 米こうじと60℃のお湯を炊飯器に入れて保温のボタンを押す。

2 - 蓋を開けて上に濡れたふきんをかけ、冬は7〜8時間、夏は5〜6時間、そのままで放置。

飲み物レシピ2 ジンジャー&なつめ

材料

- 水 … 1ℓ
- なつめ … 7〜8個
- 生姜 … 80〜100g
（皮つきのまま薄さ5㎜程にカット）

つくり方

1 - 鍋に水となつめ、生姜を入れて、中火で約2時間煮る。水が減ったら足す。

2 - 2時間後、味を見て、濃ければお湯を足して薄めて飲みやすくするなど、好みの味に調整。甘みを足したいときは、蜂蜜を加えると、おいしくなります。

髪に悪いことリスト

髪で印象がより左右されるようになる大人世代だからこそ、髪にいいこと・悪いことは抑えておきたいところ。髪にとってよくないことの原因と結果を下にまとめました。参考にしてください。

ストレス	髪が痩せ細る、抜ける
睡眠不足	髪が痩せ細る
栄養バランスの悪い食生活	髪が痩せ細る
肩こり	血流が悪くなる
紫外線	頭皮や髪が焼ける
高熱	頭皮や髪が焼ける
摩擦	髪が傷む。パサつく
乾燥	髪がパサつく
タバコ	血流が悪くなる
運動不足	自律神経の乱れ。 血流が悪くなる
パーマやカラー	刺激、炎症
体の冷え	血流が悪くなる

Shop List

AVEDA《アヴェダ》	0570-003-770
アマトラ	03-6228-5685
アルペンローゼ（ラ・カスタ）	0120-88-7572
イーラル	0120-36-1186
uka《ウカ》	03-5778-9074
エル・ド・ボーテ（CA101）	0120-558-827
大島椿	0120-457-178
花王 生活者コミュニケーションセンター 消費者相談室	0120-165-692
カラーズ（アルジェラン）	050-3786-2333
クィーン（uruotte）	03-5774-6557
CREATE ION（クレイツ）	0120-25-9012
コーワテクノサーチ	06-6267-0212
コンフォートジャパン（ダヴィネス）	0120-39-5410
資生堂プロフェッショナル	0120-81-4710
dyson《ダイソン》	0120-295-731
ダイソー	082-420-0100
CHAIN《チェイン》	06-6226-7135
Panasonic《パナソニック》 理美容・健康商品ご相談窓口	0120-878-697
美・ファイン研究所	03-5414-2388
ファイテン株式会社	0120-669-929
France Luxe《フランス ラックス》	0120-370-930 https://www.franceluxe.jp/
プロジエ（オリオセタ）	03-6690-8599
ヘンケルジャパン（シュワルツコフ）	03-3472-3078
MARKS & WEB《マークスアンドウェブ》	https://www.marksandweb.com
ミルボン	06-6925-8010
LOUVREDO《ルーヴルドー》	06-6442-0365

Mana Tamura

田村マナ（たむら・まな）
社団法人 日本毛髪科学協会認定毛髪診断士／
日本スカルプケア協会認定スカルプケアリスト
国際線客室乗務員として世界中を飛び回る中、機内の乾燥、気圧の変化、時差など過酷な労働環境により髪のトラブルに悩まされ、100人の仲間と基礎化粧品ブランドCA101（シーエーイチマルイチ）を立ち上げる。現在は美髪アドバイザーとして、美しい髪を手に入れるための基礎知識や、セルフケア方法を広めるべく、講演や雑誌、WEB メディアなど多方面で活動中。自身が開発&推奨するセルフケア「美髪メソッド」は、これまでに数千名が体験し、薄毛や抜け毛、白髪といった深刻な悩みが改善。確かな効果を実証し、20代から70代まで幅広い年齢層から支持を得ている。
WEBメディアなど多方面で活動中。
著書に『大人の「品」は艶髪でつくられる』（ワニブックス）などがある。
ブログ「美髪の条件」https://ameblo.jp/ca101-blog/

Toko Yamaguchi

山口童子（やまぐち・とうこ）
ビューティディレクター／
ヘア&メイクアップアーティスト
株式会社 美・ファイン研究所
幼い頃から美容に興味を示し、美に対する興味が薄れることがないまま、プロのメイクアップアーティストを育成する「ザ・ベストメイクアップスクール」を首席で卒業。その後、美の観点から商業ビジネス界を牽引している美・ファイン研究所で、小林照子の片腕として総合的に活躍し、25年以上のキャリアを持つ。印象分析を得意としており、顔型やパーツから導きだした“第一印象”を明確にし、一人ひとりの目標に合わせたメイクアップを提案する能力が高い。メイクアップ以外にもヘアスタイルの方向性やファッションの装いを含めたトータルコーディネートをアドバイスできるメイクアップアーティストである。

38歳からなりたい髪

2019年4月25日 第1刷発行

著　者　田村 マナ、山口 童子
発行者　徳留 慶太郎
発行所　株式会社すばる舎
〒170-0013　東京都豊島区東池袋3-9-7
東池袋織本ビル
TEL　03-3981-8651（代表）03-3981-0767（営業部直通）
FAX　03-3981-8638
URL　http://www.subarusya.jp/
振替　00140-7-116563
印刷　ベクトル印刷株式会社

落丁・乱丁本はお取り替えいたします

ISBN978-4-7991-0785-0